JN408782

희망

차 정 연 수필집

희망

해암

| 프롤로그 |

지금 여기에 생각을 멈춥니다. 일상을 내려놓습니다. 일어나는 현상을 맑게 밝게 보고 깨닫고 실천하기 위해 공부 중입니다.

이 글들은 나의 반성과 참회의 글입니다. 연민 때문에 자꾸만 뒤로 돌아 보면서 그 현상들을 붙잡고 이 길로도 저 길로도 소신 있게 들어서지 못하고 길목을 서성이는 나에게 내린 채찍의 글입니다. 늘 어딘가에 나사 하나가 빠진 것 같이 부족함이 많은 나에게 주어진 '한 순간순간도 놓치지 말고 배워라' '나를 고통과 불행에 들게 하는 그 모두가 스승이다.' 라는 숙제를 풀기 위해 공부에 집중해야 하는 독려의 글입니다.

나에게 주어진 시간은 지금 이 순간에도 흐르고 있습니다. 방금 전의 시간은 지금의 내가 사용할 수 있는 시간이 아닙니다. 땅을 파고 흙덩이를 부수고 돌덩이 쇠붙이 유리조각 쓰레기… 이물질을 들어내고, 꿈의 씨앗을 심는 작업에서 '상처쯤이야 어떠랴, 죽음의 고비쯤이야 어떠랴' 라고 단단히 각오하게 합니다.

밖에서 나를 부르는 소리가 들립니다. 가만히 다가가 보았습니다. 가마솥에서 시락국이 보글보글 끓고 있습니다. “맛, 보세요.” 라고 말하며 국물이 든 국자를 내 앞으로 쓱 내밉니다. 음~ “최고, 역시 최고의 맛” 엄지를 들어 최고를 표현합니다. 타인의 삶을 돌보기 위해 우리가 된 사람들이 환하게 웃습니다. 머리카락 밑에서부터 시작된 땀방울이 얼굴을 타고 쪼르르 흐릅니다. “힘들어요?” 라는 질문에 “아니요, 신나요” 라고 합창을 합니다. 그리고 나눔의 실천가들이 하하하 함께 웃습니다. 행복한 기운들이 사방으로 번집니다.

나는 다시 내 색깔로 나의 맛으로 나머지 삶의 길을 또박또박 걷기 위해 희망 하나를 찾습니다.

지금까지 나를 존재할 수 있게 해주신 모든 은혜에 감사 올립니다.

그리고 사랑합니다.

2015년 10월 승학산자락에서 **차 정 연**

차 례

2_ 희망

3 _ 오두막

4 _ 친구

희망

차정연 수필집

1

마무리와 시작

마무리와 시작

계절의 변화가 느껴진다. 여름 내내, 온몸에 땀띠가 나고 눈에 보이지 않는 작은 물것들의 극성에 시달렸다. 피부 가려움증과 붉은 반점들을 군데군데 남기고 여름이 물러난다. 시간은 쉼 없이 흐르고 있었다. 지금 이 순간도… 순간일 뿐이구나 싶어 정신이 번뜩 든다.

올 초에 무엇을 할 것이라고 목표를 세워 놨던 수첩을 찾아 앞면을 본다. '2015년 상上, 마무리와 시작' 이라고 적고 첫 장을 넘겨 '행복의 조건' 이라고 적은 나에게 다짐한다. '마음의 중심을 잡는다. 행이 선함인지 불선함인지 확인한다. 지혜롭게 생활한다.' 라고 적고 마침표를 찍었다.

삶의 지침으로 '내가 하고자 하는 일의 뜻이 선함에 있는가, 행이 청정한가, 결과에 집착하는가,' 묻고 확인한다. '모든 행에는 원인이 있고 반드시 결과가 있다. 지혜롭게 생활할 것.' 이라며 점검한다.

옆 장에는 유서를 적었다. '부지런히 공부하다 갑니다.' 라고 간략하게 적고 그 밑에 나의 희망을 적었다. '내가 떠난 이후에도 세상은 내가 살던 때보다 더 살기 좋은 세상이 되기를, 모두모두 평온하고 행복하기를, 그리고 나와 맺어진 인연 모두, 나를 아는 모든 이에게 감사함을 드립니다. 안녕.' 이라고 적었다.

다음 장을 펼쳤다. 왼쪽 면에 '호랑이 눈 소걸음의 삶' 이라고 또박또박 적고, 오른쪽 면에 올해의 목표로 ①논문 완성, ②수필집 발행, ③행복한 명상학교 개강, ④소송 진행, ⑤집 정비에 대한 계획을 세웠다. 그리고 한 해가 시작되었고 '상上' 수첩을 다 써서 지금은 '하下' 수첩을 쓰고 있다.

내 삶은 소의 걸음처럼, 부지런히 묵묵히 맡은 일을 하면서 뚜벅뚜벅 쉼 없이 걸었다. 그러나 호랑이 눈은 아직 갖지 못했다. 호랑이는 사물을 볼 때 비스듬히 보거나 측면으로 보지 않는다. 사물을 정확히 정면에서 꿰뚫어 본다. 회피하거나 물러서지 않는다. 기회가 오면 잽싸게 행동한다.

인간의 몸은 하나다. 다시 한 번 더 해보자가 없다. 그런 몸을 움직이는 것은 실체가 없는 마음이다. 간에도 붙고 쓸개에도 붙고 심장에도 붙고 하는 마음을 관장하는 것은 우리의 내면에 있는 정신세계다. 우리의 정신세계는 순수하다. 맑은 물처럼, 밝은 빛처럼. 마음은 우리가 가지고 있는 정신세계의 지시를 받기도 하고, 내부의 소리를 차단하고 외부에서 경험한 것 들을 실체라고 착각하기도 한다. 사물을 빨갛게만 보기도 하고 노랗게만 보기도 하고 까맣게만 보기도 한다.

이것이 편견이다. 편견으로 세계를 보고 그렇게 단정하고 행동하려 한다. 필요에 의해 덧씌워진 생각의 안경인 것이다. 인간은 자기가 보고 싶은 것만 본다고 한다. 무엇을 보는가? 무엇을 보기 이전에 어떻게 볼 것인가? 하는 것이 선행되어야 한다. 먼저 자신의 사상이나 가치나 신념을 모두 내려놓아야 가능하다. 그 후 객관화시켜야 한다. 투명한 유리를 통해 바라보는 것처럼 맑고 밝게 사물의 실체를 보고자 공부하는 것이다.

몇 년 전 나는 소송이라는 심한 충격으로 갑자기 눈이 보이지 않았다. 운전을 할 수 없었고, 무엇보다 내가 가장 좋아하고 내게 있어 유일한 친구인 책을 볼 수 없어 수술을 받았다. 그때 나는 육신의 눈이 보이지 않는다면 마음의 눈으로 세상을 보아야지 했었다. 너를 미워하지 못하는 이 마음, 너를 먼저 걱정하는 이 마음, 나를 챙기지 못하는 이 마음이 나의 단점이다. 나는 지금 나와 치열하게 공부 중이다.

다시 올 초의 목표를 점검한다. 봄에 시작하고 준비 중이던 논문은 가을로 미루어졌다. 올해는 마무리될 것 같은데, 관계에 의해 이루어지는 것이라 단정할 수 없다. 수필집 원고는 90%정도 진행되 탈고를 서둘러야 할 것 같다. '행복한 명상 학교'는 절 명상을 공부하기 위해 만든 다음카페로 논문 이후에 다시 시작하기로 했었는데 보완을 마무리해야겠다.

소송은 법을 전혀 모르는… 법 없이도, 법 가까이 가지 않아도, 불편 없이 잘살아 오던 내게 닥친 또 하나의 불행이었다. 혼란스러웠다. 숫자와 이익을 위한 인간의 계산된 행위와 계략 그리고 멈추지 못하는 집착들에 의해서 8년간 총 13건의 공격을 당했다. 방어에만 급급하다보니 피해가 컸다. 그러다보니 이제 일상이 되었다. 무지로 인한 수많은 억울한 사연과 사연들. 또 다른 세계가 엄연히 존재하는 소송의 현장은 법정대학 실증과다. 고래는 허파가 터져 죽고 새우는 간이 부어 죽는다는 말과 같은 이 대학을 나는 얼마나 더 다녀야 할지 기약이 없다. 그가 행동을 멈추지 않는 한 계속될 것이다.

집 정비는 바깥일들과 소송으로 뒤로 밀려났지만 올해가 가기 전에 비 새는 지붕과 무너진 담장을 정비하고 너무 웃자라 혼자 지탱하지 못하는 나무들의 가지치기를 해야겠다. 낡아 안 쓰는 물건들을 솎아 내 버리고 다른 장소에 정리하려 한다. 되도록 작게 가지고, 불필요한 것을 멀리하며 단순하게 사는 것이 목표이다.

이제, 집으로 돌아간다. 바깥으로 나왔던 내 영혼이 비로소 내 안으로 들어가는 것이다. 영혼이 바깥의 경계에 빠져 있는 동안 그것은 숨을 쉰다 해도 죽음이었다. 지금부터 내가 가장 하고 싶은 글쓰기를 하려 한다. 나의 수필은 생명의 싹들이 오종종 피어나는 흙길을 걷는 것이다. 평온하고 고요한 길, 비질로 자국이 남아 말끔해진 길을 맨발로 걸으며 부드럽고 촉촉하고 따스한 감촉을 느낄 것이다.

아침 햇살이 내려앉은 채전, 푸릇한 상추 잎에 맺힌 이슬방울에 반사되는 빛의 영롱함. 빛의 경이로 나의 존재를 느낀다. 보도블록의 갈라진 틈새에 피어나 밟힐 뻔했던 노란 민들레꽃을 발견했다. 순간, 걸음을 멈추고 '미안해, 미안해' 라고 토닥거린다. 민들레꽃은 하얀 홀씨를 달고 바람 따라 두둥실 날아올라 자유롭게 세상으로 흩어질 것이다.

나를 정화하는 마음의 산책을 시작한다. 달빛이 내린다. 환하다. 고요하다. 내 숨소리가 고요를 깨울 것 같다. 깨금발로 사뿐사뿐 흙길을 밟는다. 시느르대 숲으로 내린 빛이 뽀얀 발등에 그림을 그린다. 존재를 느낀다.

존재의 이유

나에게 엄마는 세상 모든 것이었다. 모든 것이라는 것은 일상생활과 행위와 교육과 신념과 생명까지라는 의미이다.

그랬다. 엄마는 나의 신앙이었고 물과 공기여서 한순간도 없으면 존재할 수 없다고 느꼈다. 그래서 엄마가 지구를 떠나 우주로 가면 나도 따라가야 한다고 생각했었다. 엄마가 없는 이 세상에 살 수 없을 것 같았다.

엄마 곁을 떠나 결혼 생활을 하면서 나의 삶은 정말 힘들었다. 그때 처음으로 삶의 고통을 느꼈다. 그리고 가끔씩 내가 왜 태어났을까 생각이 들 때도 있었다. 세월이 흘러 세상도 변하고 나도 변화했다.

내게 주어진 환경 속에서 가끔은 행복을 발견했다. 불행과 행복은 한 공간 안에 있고, 동전의 양면 같다는 것을 깨달았다. 어느 쪽을 택하는가는 나의 몫이다. 나는 무슨 일이 일어나던지 더 이상 나를 아프게 하는 고통을 만들지 않겠다고 작정했다. 내가 삶의 기술을 익히는 동안, 엄마가 우주로 떠났고 엄마를 따라가지 못했다. 아니, 따라갈 수가 없었다. 나에게 엄마를 따를 수 없는 이유가 생긴 것이다.

나도 엄마가 되었다. 아이는 젖만 먹었다. 젖을 먹이고 뉘어 놓으면 뒹굴뒹굴 놀았다. 뽀얀 순둥이였다. 그 순둥이가 얼마나 예쁘던지 나는 순둥이에 속아 젖뿐만 아니라 내 생명도 주고 싶었다.

젖꼭지 옆에 종기가 돋아나 곪기를 반복했다. 아이가 젖을 빨 때마다 칼로 몸의 일부를 도려내는 통증을 감내해야 했다. 하지만, 나는 끝까지 아이에게 젖을 먹였다. 뽀얀 순둥이는 둥글둥글 잘도 컸다. 울지 않아 업을 일이 없었다. 그냥 '업어 주고 싶다' 고 느낄 때마다 가끔 업어주는 게 고작이었다.

아이 덕분에 삶에 활력이 생겼다. 나는 무슨 일이든지 할 수 있었고 힘들지 않았다. 새로운 용기가 솟아났다. 삶의 원동력이었다. 내 생명을 지탱해 주는 큰 선물이었다. 충만했다. 나를 아프게 했던… 것들, 아이 아빠까지도 용서로써 이해할 수 있었다. 아이는 내가 이 세상에 꼭 살아 있어야 하는 특별한 존재의 이유가 되었다.

엄마인 나는 엄마가 그랬던 것처럼 내 아이에게 물과 공기와 모든 것이 되어주어야 하기 때문이었다. 지금까지 나에게 주어진 가장 큰 행운이 있다면 엄마의 딸로 태어난 것이다.

엄마는 이 세상에서 나를 존재하게 하고 내 생명을 지켜준 어떤 표현으로도 대신할 수 없는 거룩한 이름이다. 그런 엄마가 되어야 하는 사명감이 나에게 주어졌다. 엄마라는 이름을 준 아이들이 고맙다. 나는 내 아이들을 위해 존재한다.

엄마는 콩밭 옆에 자리를 깔고 나를 내려놓았었다. 내가 잠에서 깨어나 엄마를 찾았다. 엄마는 멀리 있었고 콩밭 고랑은 멀었다.

'엄마' 하고 부르며 엄마에게로 달려갔다. 검은 일바지와 흰 적삼을 입은 엄마는 달려오는 나를 발견하고 손에 든 호미를 밭고랑에 내려놓았다. 그리고 두 팔을 벌려 덥석 나를 안았다. 엄마는 머리에 쓰고 있던 수건을 벗어 얼굴에 흐르는 땀을 쓱쓱 닦아 내고 흰 적삼 밑에서 젖을 꺼내 입에 물려주었다.

나는 엄마의 얼굴을 보며 젖을 먹었다. 나머지 손으로는 엄마의 한 쪽 젖을 만지작거렸다. 엄지와 검지로 만져지는 젖꼭지에서 엄마의 느낌과 냄새가 났다. 엄마의 젖이 두 개여서 다행이었다. 온 세상의 풍요가 나에게 있었다. 엄마는 그런 나를 부드러운 눈빛으로 바라보며 한 손으로 머리를 쓰다듬었다. 엄마의 손길에서 따뜻한 온기가 느껴졌다. 세상 모든 추위와 두려움을 막아준 엄마의 품에 폭 안겼다. 세상의 평화가 엄마의 품안에 있었다.

이웃들이 아홉 살까지 젖을 먹는 나를 보고 "아이고 여럽어라. 다 큰 애가 젖을 먹고 있네, 젖 오래 먹으면 머리 나빠진다." 놀려도 엄마는 이웃의 말에 동요하지 않았다. 나를 바라보는 엄마의 모습에는 한결같은 잔잔한 미소가 환하게 피어났다.

그날

나는 늘 물가에서 놀았다. 물은 맑았다. 맑은 물은 대나무 숲 밑에 옹기종기 돌로 쌓아 만든 옹달샘에서 시작되었다.

옹달샘은 맑은 물이 쉼 없이 솟아났다. 돌 틈에서 솟아난 물은 언제나 흘러넘쳤다. 물은 소꿉장난으로 더러워진 내 손의 흙을 말끔히 씻기고 고랑을 따라 쉼 없이 흘러갔다. 물이 흐르고 흘러 다달은 곳은 엄궁천이었다. 그곳은 학장천이 남성의 웅비하는 기상처럼 내려오다 물줄기가 급류를 피해 살짝 옆으로 흘러든 곳이었다. 그곳에 옹달샘에서 흘러내린 물도 합류를 했다. 사이사이에서 흘러든 물은 거부 없이 서로를 수용하고 합류하면서 잔잔한 시냇물이 되었다.

나는 그날 시냇가에서 놀고 있었다. 아늑하고 풍요로운 나만의 놀이 공간이었다. 물가에는 빨강, 노랑, 하양, 보라… 꽃들이 흐드러지게 피어있었다. 나는 조가비로 그릇을 만들고 조약돌로 꽃과 잎을 콩콩 찧어 밥도 짓고 반찬도 만들었다. 엄마의 밥상을 차리고, 내 밥상도 차렸다. 엄마도, 나도 냠냠 밥을 먹었다. 그러다 가만히 물을 바라보았다. 물은 흐르고 있는지 멈추어 있는지 모를 만큼 잔잔했다. 잔잔한 물은 영롱한 빛들로 한없이 승화되고 있었다.

나는 입었던 옷을 훌훌 벗고 조심조심 물속으로 들어갔다. 해를 품은 맑은 물은 내 몸을 어루만졌다. 부드럽고 따뜻했다. 손으로 땅을 짚고 헤엄을 쳤다. 그리고 물속에서 살며시 눈을 떴다. 맑은 물과 밝은 햇살에 눈이 부셨다.

물속에는 송사리, 방게… 작은 생명들이 잽싸게 살갗을 스치며 넘나들었다. 나는 작은 생명들과 진배없는 생명이 되었다. 햇살 품은 맑은 물은 물속 조약돌의 모서리를 다듬고 다듬어 보석으로 만들어 놓았다. 조약돌과 함께 맑은 물에 투영된 내 몸도, 작은 생명들도 영롱하게 빛을 발하고 있었다.

햇살에 달구어진 조약돌을 귀에 댔다. 따끈따끈 했다. 머리를 오른쪽으로 숙이자 오른쪽 귀 안의 물이 조약돌에 스며들었다. 왼쪽으로 숙이자 왼쪽 귀의 물도 조약돌에 스며들어 내 귓속을 뽀송뽀송하게 해주었다.

그날은 오랫동안 놀았는데 엄마가 나를 한 번도 찾지 않았다. 다른 날 같으면 엄마가 몇 번은 "아가, 어딨노?" 하고 나를 불렀을 테고, 나는 "예" 하고 대답했을 것이다. 엄마는 내가 어디에서 놀고 있는지 틈틈이 확인하곤 하셨다. 그날은 다른 날과 분명 달랐다.

내가 언제부터 시냇가에 있었는지 알 수 없었다. 집이 있는 산 쪽을 바라보니 여기저기서 연기가 모락모락 올라왔다. 저녁때가 오고 있음에도 엄마는 나를 찾지 않았다. 난 한 번도 엄마의 부름을 받지 않고 내가 놀고 싶은 만큼 실컷 놀았다. 마치 엄마가 내게 준 선물처럼 느껴졌다. 왜일까?

그때 엄마가 나를 불렀다. 엄마에게로 가기 위해 개울가 언덕을 기어올랐다. 우리 집은 대나무 울타리를 두르고 언덕배기 산 중턱에 있었다. 나는 꼬불꼬불한 길을 걸어 집으로 갔다. 엄마는 마당 끝에서 나를 기다리고 있다. 나는 엄마의 젖가슴 속으로 파고 들어 적삼 밑으로 손을 넣어 엄마 젖을 찾았다.

집으로 가는 길옆에 엄마의 막냇동생인 외삼촌이 살고 있었다. 외갓집도 대나무 숲으로 우거진 산 밑에 있었다. 외갓집을 지나야 우리 집으로 갈 수 있었다. 언젠가 외갓집에서 집으로 가는 언덕배기를 오르다 돌 고랑에 떨어져 혼절한 적이 있었다. 언덕배기 꼬부랑길을 꼬불꼬불 올라가면 나는 허리를 굽히고 꼬부랑 할머니가 되었다. 지팡이를 짚고 눈을 감고 더듬거리며 언덕배기 길을 걸었었다. 내 기억은 여기까지다.

아랫집에서는 내가 꼬부랑 할머니 놀이를 하며 올라가는 것을 보았는데 아이가 갑자기 시야에서 사라졌다고 한다. 머리에 흐른 피가 물과 섞여 돌 고랑으로 흐르는 것을 보았고… 쏜살같이 달려온 엄마에 의해 구출되었다고 한다. 그 후 엄마는 항상 내가 언덕배기를 무사히 지나는 것을 보고 있었다.

외갓집 앞을 지날 때였다.

"아가, 이리 오너라." 외삼촌이 나를 불러 세웠다.

"밥 먹고 가거라."

"밥은, 왜?"

하고 의아한 모습으로 외삼촌을 바라보는 외숙모에게 외삼촌은 "응, 오늘 야, 생일이다." 라고 말씀하셨다.

엄마가 나를 기다리고 있을 텐데.

박범신과 태자

박범신

티브이 뉴스에만 집중하고 있었다. 티브이에서는 2014년 4월 16일 진도 앞바다에서 발생한 세월호 사고를 특보로 보도하고 있었다. 그날은 우리가 밤샘 작업을 하면서 주문 도시락을 만들어 납품하던 날이었다.

배가 침몰하고 있었다. 수학여행을 다녀오겠다던 어린 학생들이 배 안에 타고 있었다. 위급한 순간에 한 생명이라도 더 구출하려고 커튼을 찢어 끈을 만들고 혼신의 힘을 다해 생명의 줄을 끌어당기는 분들이 있었다. 자기가 입었던 구명조끼를 학생에게 벗어주는 선생님도 있었다. 45°로 기울어 가는 선측으로 해경의 구조선이 다급하게 다가오고 한명이라도 더 구조선에 태우려고 고

군분투하고 있었다.

'엄마, 사랑한다. 다시는 말 못할 것 같아서 보낸다. 아들.'

안타까운 문자들을 속속 읽어 준다. 티브이 앞에 앉았다. 일이 손에 잡히지 않는다. 아니, 아무 일도 할 수가 없었다. 내가 할 수 있는 일은 오직 혼신을 다해 올리는 간절하고 처절한 기도뿐이었다. 두 손 모으고… 어린 생명들을 살려 달라고 기도하는 삼일간, 일상은 멈춰 있었다.

"뭐해? 약 타러 안 갔다 와."

태자가 깨우쳐 주지 않았다면 계속 그러고 있었을 것이다.

주차장에 도착한 시간은 오전 10시였다. 날씨는 따뜻하고 맑았다. 태자가 병원에서 약을 타는 날이었다. 태자가 따라오지 않으려고 해서 혼자 온 것이다. 시원하게 뚫린 낙동강 강변도로를 달렸다. 만성 정체 지역인 만덕터널을 지나 동래까지 차가 밀리지 않아서 생각보다 일찍 도착한 덕분에 약만 받으면 금방 집에 갈 수 있을 것 같았다.

"엄마, 금방 집에 갈께. 같이 점심먹자."

태자에게 전화했다.

주차 관리인이 내미는 주차권을 받아 가방에 넣고 횡단보도 앞에 섰다. 마주 보이는 건강검진센터 건물에 오전의 햇살이 내려 비치는 게 보였다. 일방통행로로 차들은 왼쪽에서 오른쪽 방향으로만 다녔다. 차도는 여유로웠지만 왼쪽으로 고개를 돌려 오지 않는 차를 한참이나 경계했다. 맞은편에서 길을 건너기 위해 몇 명인가 서 있었다. 나와 같은 방향으로도 길을 건너려고 아주머니 두 분이 서 있었다. 난 천천히 횡단보도를 건너기 시작했다. 맞은편에서도 행인들이 길을 건너오고 있었고, 오른쪽으로도 나와 함께 나란히 걷고 있는 행인들이 있었다. 나를 포함해 오가던 행인들이 횡단보도 중간쯤에서 교차할 때였다. 갑자기 나타난 차량이 왼쪽 다리에 닿는 순간 기억을 잃었다.

누군가 다급히 나를 부르는 소리가 들렸다. 눈을 뜨니 아스팔트가 보였다. 왼쪽 어깨에 매고 있던 가방을 깔고 모로 누워 있었다. 왼쪽 다리 위에 포개진 오른쪽 다리가 보였고 두 무릎은 배에 닿을 듯 구부리고 있었다. 신발이 벗겨진 왼쪽 발이 보였다.

어떻게 된 것일까. 누군가가 가까이 다가왔다. "아주머니 어디가 아프세요. 어디가…." 물었다. 나는 머리라고 대답했다. 고개 숙여 머리를 꽉 감쌌던 오른손에서 미지근한 끈적거림이 느껴졌다. 손을 머리에서 뗄 수가 없었다. 손을 머리에서 떼는 순간 머리가 어떻게 될 것 같았다. 머리. 내 소중한 머리. 활동량이 많은 나를 따라다니며 통제와 절제를 하느라 너무 많이 수고롭게 했다. 그는 이어서 연락처를 물었다. 오른쪽 윗옷 주머니에 휴대전화가 있다고 말했다.

다시 깊은 잠 속으로 빠져들었다. 횡단보도 바깥으로 들어내야지, 하는 여자 목소리가 들렸다. 어떤 이는 다가와서 "하이구, 나 죽겠다. 좀 일어나, 일어나." 하면서 흔들었다.

그때였다. "당신 도대체 뭐하는 짓이야. 사람부터 병원으로 후송해야지. 후송할 생각은 안하고 어디서 택시조합에 태연히 전화하고 있어." 하는 호통소리가 들렸다. 또 다른 이는 더 가까이 다가와 "나 좀 살자, 좀 일어나라고, 일어나! 일어나라니까!" 낮은 신음소리를 내며 내 곁에 쓰러졌다.

몸을 꼼짝할 수가 없었다. 잠 속에 침하되었다가 소란에 깨어났다가 침하되었다를 반복하고 있었다. "나와요, 이리 나와. 다친 사람 건드리지 마세요, 손대지 말아요. 가만히 놔둬요. 119 구급대원이 올 때까지…." 성난 외침이 들렸다.

사고 연락받은 첫 번째 보호자는 신종 보이스피싱을 의심했고 나를 바꾸라 했을 때, 바꿀 수 없다는 소리를 듣는 순간 사태의 심각성을 파악했다 한다. 두 번째, 세 번째… 보호자들에게 신속하게 비상연락망이 가동됐다. 간호사가 부르는 소리에 눈을 떴다. 환자복으로 갈아입으려고 일어나는 순간 병실 천장이 돌았다. 구토를 일으킬 만큼 무의식 상태에서 허우적거렸다. 그 순간을 목격한 보호자들은 간호사를 향해 호통쳤다. 생명을 다루는 간호사의 안일한 대처에 분노를 참을 수 없었다고 한다. 만화에 나오는 여

주인공이 기절하며 쓰러지는 모습을 만화가들이 표현할 때 눈 대신 동그라미를 빙글빙글 돌려 표현했던 것과 같은 느낌이었고 어린 시절 담임선생님이 시험지에 빨간 색연필로 꼬불꼬불 그려주던 5점 동그라미 같았다.

자꾸 빙글빙글 돌았다. 잠이 들었다 깨어났다를 반복하는 동안, 이송차량을 타고 대학병원을 거쳐 입원할 병원으로 후송되었다. 응급의가 병실에 회진을 온 건 오후 5시였다. 나를 찬찬히 살피는 의사를 향해 아직도 눈을 뜨면 천장이 돈다고 말했다. 눈을 뜰 수가 없었다. 다친 머리가 생각나 손을 댔더니 오른쪽에 돋아난 뿔이 만져졌다. 뿔은 한 손에 잡히지 않았다. 피와 진물 등 온갖 부유물에 엉킨 머리카락이 쭉 뻗어 또 하나의 뿔기둥을 세워놨다. 왼쪽에 뿔이 하나 더 생긴다면 나는 영락없는 쌍 뿔을 가진 도깨비 같을 것이라는 상상이 되었다. 그런데 다행이라고 했다. 검사 결과에 따르면 내부 출혈은 없고, 외부는 환부 부위만 머리카락을 자르고 치료를 해두었다고 했다. 부유물에 엉킨 머리카락은 아직 환부의 상처 때문에 닦아 낼 수 없다고 했다.

두 무릎이 아팠다. 어떻게 된 것일까? 왼쪽 다리에 차량이 닿았었다. 그래서 왼쪽다리에 상처가 생겼다. 이해된다. 그런데 슈퍼맨처럼 날아올라 오른쪽 머리를 부딪쳤다. 뿔이 솟았다. 오른쪽 무릎에 뿔이 돋았다. 탕하고 왼쪽 모로 누웠다.

뇌진탕이었다. 의사는 안정하고 치료하면 된다고 한다. 됐다. 아직 나는 이 세상에 존재할 수 있다. 아프다는 것은 몸이 휴식하라는 신호이다. 몸이 수차례 휴식하라고 요청했음에도 말을 듣지 않았다. 이제 내 의지와는 상관없이 강제로 침대에 눕게 생긴 것이다. 그래 휴식이다. 혼돈 속에 있는 지금 아무 생각도 하지 않을 거다. 의사의 설명을 들으며 잠이 들었다.

잠만 잤다. 무의식처럼. 삼일 만에 깨어났다. 내가 잠든 사이 경찰이 다녀갔다. 기사는 사람의 생명은 뒤로 하고 자기이익을 위한 숫자를 밝히려 노력했다. 경찰에서 내가 달리는 차에 갑자기 뛰어들었다고 진술을 했고 사고 장소에는 CCTV도 없었다. '어른들은 숫자만 좋아한다.' 는 생텍쥐베리의 「어린왕자」의 한 구절이 생각났다. 이런 어른들의 밝은 수리에 대응하는 분이 있었다. 사고를 목격하고 119에 신고를 했던 그는 도착한 구급대원에게 자신의 연락처를 남겨 두었다. 내 보호자는 사고 목격자에게 연락을 하였고 친절한 그는 사고 당시의 현장사진을 보내왔다. 현장사진 속의 나는 횡단보도 중앙에 쓰러져 있었다. 그 증거로 기사의 거짓진술이 밝혀졌다. 고마운 그분의 존함은 '박범신' 이었다. 문자를 보냈다.

'감사합니다. 가시던 길 멈추시고 타인의 위급한 상황을 현명하게 대처해 주신 선생님의 모습은 우리 모두가 배워야 할 부분입니다. 선생님 같은 의로운 분이 우리들 곁에 계셔서 든든합니다. 그래서 세상은 꿈과 희망을 갖고 살아볼 가치가 있는 아름다움입니다. 선생님 덕분에 저는 안정을 찾고 있으며, 베풀어주신 은혜에 감사 올립니다.'

2014. 4. 박범신 귀하

위기에 대처능력이 뛰어났던 그는 모범시민이었다. 그는 자랑스러운 국민이었다. 인간이 인간답다는 것은 인간다운 행동을 했을 때 아름답다. 우리는 함께 살아야 한다. 우리가 함께 산다는 것은 나를 존중하는 삶만이 아니라 너의 삶도 이해하고 존중하는 삶이다.

티브이를 켰다. 모든 방송매체는 세월호 사고를 특집으로 보도하고 있었다. 구조선이 기울어져 가는 선체에 진입해 사람들을 구조하고 있었다. 붉은 구명조끼를 입고 갑판 위에 있어야 할 어린 학생들이 보이지 않았다. 그런데 파란색 상의에 팬티만 입은 선장이, 생명존중의 임무와 책임이 국민성이 상실된 선장이…. 갑판위에서 구조선에 발을 들여 놓고 있었다. … 10대의 꽃봉오리들은 "움직이지 마세요, 움직이면 위험합니다. 움직이지 마세요." 라고 해 두고. … 400여 명의 어린 생명들을 침몰하는 배에 남겨 두고. 국민들이 뿔났다. 내 머리에 솟아난 뿔이 다시 욱신욱신거린다.

참으로 잔인한 사월이다.

태자

태자가 찾아 왔다. 보호자들은 내가 그 와중에도 태자가 다니던 병원에 전화를 해서 약을 준비해 달라고 부탁했다고 했다. 병원 연락을 받고 사람을 시켜서 병원에서 약을 받아 태자에게 전달했다 한다. 자기 약을 타러 갔던 엄마가 다쳐서 병원에 있다는 사실을 알려 주자. 걱정이 된 태자가 밥도 먹지 않고 울기만 해서 데리고 왔다고 한다.

"괜찮아, 괜찮아 엄마 괜찮아."

지적장애를 가진 태자는 나에게 아픈 손가락이다. 아이가 처음 내 곁에 왔을 때는 누구와도 소통을 하지 못했다. 누가 무엇을 묻거나 말을 시키면 발라당 뒤로 넘어졌다. 태자가 자기 의사를 전달하는 표현 방식이었다. 처음에는 뒤로 발라당 넘어지는 것을 보고 혹시 머리를 다치면 어쩌나 하고 걱정을 했다. 그런데 이상하게도 머리는 다치지 않았다. 태자의 넘어지는 행동은 순간적으로 일어났다. 낯선 사람이 오면 그 앞으로 달려가 넘어졌다. 넘어지는 태자보다 옆에 있는 우리가 더 놀랐다. 넘어지는 장소가 길이든 물구덩이든 불구덩이든 상관 없었다. 그리고 자신을 제어할 수 있는 능력은 아무것도 없었다.

일상생활의 자립성과 행동이 다음 동작으로 연결되지 않았다. 머리를 감기고 몸에 비누칠을 해두고, 내 몸을 헹구는 동안 비누 범벅으로 문밖을 나갔다. 밥 먹고 잠자고 옷 입는 기초적인 것조차 스스로 하지 못했다. 음식도 게걸스럽게 많이 먹었다. 몸은 퉁퉁 부은 사람처럼 뒤룩뒤룩 살이 쪄 있었다. 행동은 굼떴다. 걸음도 뒤뚱뒤뚱 걸었다. 언어는 '흐음, 흐음. 우-우' 했다. 사탕을 먹어 삭아 뻥 뚫린 앞니를 드러내고 웃을 때는 어깨를 들썩거렸다. 푸푸-픗, 푸-푸푸 소리까지 냈다. 아이가 없어져 찾으면 창고 속이나 구석에서 쪼그리고 잠을 자고 있었다. 모든 삶의 모습이 확연히 달랐다. 이방인이었다. 먹고 잠만 잤다. 다름. 그 '다름'을 이해하고 수용해야 했다. 태자를 깨워야 했다. 보호가 필요했다.

사람의 왕래가 많고 다양한 가족이 함께 살고 있는 우리 집에 태자가 가족이 되었다. 아이도 나와 같은 인간다운 삶을 살게 해주고 싶었다. 병원에 가서 태자의 상태를 진료하였다. 의사는 아이의 머리 한쪽 부분에 오백 원 동전만한 함몰이 있다고 했다. 외상이 아니라 선천적인 것이었다. 그래서 잘 나가다가 삼천포로 빠진다고 의사는 말했다.

태자와 함께 먹고 자고 씻고 하는 일상생활을 같이 했다. 그것은 집을 방문하는 사람들에게 태자가 우리와 같은 공간에서 살고 있는 사람임을 의식하도록 하기 위한 조치였다. 그리고 사람은 각자에 따라 지능의 차이와 행동에 다름이 있다는 것을 이해하게 했다. 누구도 태자를 무시할 수 없도록 나와 똑같은 일상생활을 유지했다. 태자와 나는 손짓과 몸짓, 표정으로 의사소통이 되었다. 밥 먹고 씻고 목욕하고 옷 갈아입는 가장 기본적인 일상생활 하나하나를 날마다 같은 언어와 동작으로 반복 학습을 했다. 나는 아이가 인간다운 생활을 스스로 할 수 있게 하기 위해 아프게 노력해야 했다.

태자는 많은 사람들과 교류하는 일상생활을 하면서부터 흐음우-우로만 하던 언어를 줄이고 자기의 감정을 명확하게 말로 표현할 수 있게 되었다. 발라당 넘어지던 행동도 횟수가 점차 줄어들었다. 시간이 흐르면서 의사소통도 가능해졌다.

혼자서도 밥을 먹고, 머리를 감고, 목욕을 하고, 옷을 갈아입고, 잠을 잘 때도 편안하게 잤다. 좋아하는 통닭을 스스로 시켜 먹고, 가끔씩은 피자도 시켰다. 내가 통닭 안 시키고 왜? 피자 시켰느냐? 고 물어보면, 통닭은 내가 먹지 않기 때문에 나와 같이 먹으려고 피자를 시켰다고 했다. 내가 몸져누우면 달려가 약을 사오기도 하고, 콩나물국을 끓여 주기도 하는 마음을 나눌 줄 알게 된 착하디 착한 사람이었다.

태자의 변화는 충만한 감동의 선물이었다. 태자가 지금처럼 되기까지 이해와 수용이 필요했다. 그것은 지시하고 가르치는 것보다 우선되어야 하는 것이다. 그리고 인내와 기다림이었다. 보고 느낄 수 있도록 함께하며 보살피는 생활이었다. 그렇게 우리는 13년을 함께 살았다.

나의 보호자들은 자기들보다 에너지를 취약계층에 더 많이 사용하고 있음에도, 늘 나를 존중해 준다는 느낌을 받게 한다.

오월의 편지

그리운 분이여!

오월의 날씨답지 않게 그저께부터 많은 비가 내렸습니다. 앞을 분간하기 조차 힘든 빗속을 헤치고 어제의 '오신 날' 행사를 무사히 마무리했습니다.

오신 날은 우리들의 존재 양상과 인간의 길을 열어 보인 여래가 오신 날입니다. 여래란, 자각을 통한 진여가 미망으로 헤매는 중생에게 도래했다는 뜻이며, 진리가 중생의 세계에 있다고 하는 말은 대화가 이루어졌다는 것입니다. 그 대화를 통해서 중생이 구제되었다는 의미이기도 합니다.

"중생은 자기중심적인 행위에 의해서 몸을 받고, 부처님이나 보살은 청정한 대비 원력으로 몸을 나타낸다." 라고 불전에서는 말하고 있습니다. 대비 원력은 자기중심적인 고정관념 아래서는 결코 나올 수 없고 아집을 떠난 나와 너의 유대에서만 가능한 것입니다. 우리는 괴로움과 속박으로부터 자유로운 삶을 찾기 위해 스스로 자기 내면을 밝히고 암흑에서 벗어나고자 자기 속에 있는 등불을 밝히는 것입니다. 당신께서 늘 말씀하셨듯이 이웃이 없는 나는 무의미한 것이라 하셨습니다. 나 혼자만이 아니라 이웃과 함께 서로 믿고 의지하고 사랑하면서 인간의 길을 함께 걸어갈 수 있도록 불 밝혀야 한다고 하신 말씀을 깊이 새기는 날이었습니다.

언제나 그렇듯 분주한 오전의 일들을 정리하고 겨우 방문을 열고 뜰을 바라봅니다. 당신께서 사십 년 넘게 관리해 오던 뜰을 제가 관리한 지도 이태가 되었습니다. 생명 있는 대자연의 섭리는 누가 주인이 되어도 왜? 네가 주인이 되었느냐는 반문도 않습니다. 변함없이 각자의 자리에서 자기들 임무에 여념이 없습니다.

10년 전 쯤 당신께서 뜰 한쪽에 작약 뿌리 하나 흙 속에 묻어두고 토닥토닥거렸습니다. 해마다 이맘때쯤 다가올 비바람에 대비하여 머금고 있던 꽃송이와 줄기에 대나무 받침목과 받침대를 세워 꽃송이를 보호했었는데 올해는 미처 대비하지 못하고 비바람을 만나 몹시 걱정했습니다. 꽃을 피울 수 있을까 했는데 오늘 함박꽃 네 송이가 활짝 피어났습니다. 뜰에 작약꽃을 함박웃음꽃이라 부릅니다. 그래서 돌계단을 오르내릴 때마다 저도 꽃처럼 함박

웃음을 웃습니다.

작약 옆에는 수선화가 있습니다. 작년 이맘때 엄궁동 화훼공판장에 들렀다 노란 꽃잎이 애처롭도록 예뻐서 두어 포기 사다 심었던 것인데 그만 그저께 세찬 비를 견디지 못하고 흙바닥에 누워버렸습니다. 연한 연두색 줄기마저 묻혀버린 수선화가 못내 미음이 쓰입니다. 저는 줄기를 덮고 있는 흙과 돌, 솔잎과 나뭇잎, 이런저런 잔해들을 조심스럽게 들어냈습니다. 길고 연약한 초록의 줄기들을 하나하나 맑은 물로 씻은 다음 얇은 끈으로 가볍게 묶어두었습니다. 수선화가 저항없이 따스한 빛을 품에 안았으면 합니다. 그래서 줄기가 녹색의 생기를 찾고 샛노란 꽃잎을 활짝 피워낼 수 있었으면 합니다. 너는 잘할 수 있다고 용기를 북돋아 봅니다.

뜰의 가장자리를 차지한 동백나무는 가장 반반한 터에 자리 잡고 있어서 반듯하고 오목하게 잘도 자랍니다. 안정적이고 편안합니다. 사람도 자기가 있을 곳에 정착하면 저렇게 편안해질 수 있을까 싶습니다. 그런데 한 해 한 해가 보태지면서 너무 웃자라 굵은 세 가닥의 가지가 또 다른 가지들로 뻗어났습니다. 가지마다 꽃을 가득히 피워 내더니, 지금은 검녹색의 잎들이 동백기름을 바른 듯이 반질거리고 있습니다.

축대 옆에 있는 목련은 잦은 축대 붕괴로 25° 각도로 누워 있습니다. 당신과 함께 모진 시간들을 겪어 내며 살아왔을 세월만큼이나 안타깝습니다. 힘들어 보입니다. 목련 밑둥치에 받침목을 받쳐 두었습니다. 봄이 오면 목련은 어김없이 자주꽃을 총총히 피워냅니다. 방안에서 맑은 유리를 통해 바라보면 하늘이 마치 푸르른 바다 같고, 바람이 꽃을 살랑살랑 흔들 때마다 자주색 조각배가 바다 위를 떠다니는 것 같다는 느낌이 듭니다. 그때마다 시를 쓰고 싶다는 감상에 젖어 시간 여행을 떠나기도 합니다.

그리운 분이여!

당신께서 뜰 한가운데 씨앗을 심어 사십 년을 가꾸어 오던 오동나무가 우람한 거목으로 성장하였습니다. 가지마다 초록 잎을 활짝 펼쳤습니다. 어우러진 초록잎들이 여름이면 그늘을 제공하여 그 밑에 평상을 놓고 더운 여름날 싱그러운 휴식 공간이 되었습니다. 가을이면 군데군데 열리는 열매를 보며 어떤 질환에 효능이 있을까 상상하기도 했습니다. 당신에게 알리지는 않았습니다만, 늦은 밤과 새벽녘마다 뜰을 거닐었고, 오동나무에게 말 걸기를 했고, 외롭지 않았습니다.

둥치를 손끝으로 만지며 까칠하고 매끄러운 나무의 촉감을 느끼고 등을 기대기도 하며 우리가 되었습니다. 서로서로의 기운을 전달하는 좋은 친구였습니다. 그때마다 달님은 우리의 대화를 부드럽게 감싸 주었습니다. 겨울이 깊어지고 오동나무의 마지막 잎사귀가 가장 늦게 떨어지는 것을 관찰하기도 하였습니다.

그런데 어느 날부터인가 오동나무가 심술을 부리기 시작했습니다. 뿌연 솜털 같은 가루를 자꾸자꾸 뿌려 집주변으로 흩어지더니 불그레한 진물 같은 끈적끈적한 진액을 수시로 뿌렸습니다. 더는 평상에 앉을 수도 없었고, 그 밑을 지나는 사람들의 옷에도, 옆에 있는 다른 나무에게도 마치 사람의 살갗에 난 종기에서 흐르는 고름 같은 진액을 뿌리며 병들어 갔습니다.

당신은 떠나시기 한 해 전에 저와는 상의도 없이 오동나무를 베어버렸습니다. 마치 당신의 고단했던 삶들을 일시에 잘라 내듯이 자르셨습니다. 잘려나간 뿌리에서 흰 진액이 쉼 없이 흘러 내렸습니다. 저는 제 몸에서 진액이 흐르는 것처럼 마음이 쓰리고 아팠습니다. 결국 잘려나간 둥치에 시멘트로 덮어버려 빈자리만 남았습니다. 오동나무의 모습은 사라졌으나 저는 오래도록 동그란 시멘트를 바라보았습니다. 그때마다 달리 치료할 방법은 없었을까 생각해 보기도 했습니다.

그리운 분이여!

앞뜰, 등산로 입구에 오년 전에 심어놓은 매화나무는 해마다 불어닥친 폭풍우에 가지가 잘려 나가고, 길을 지나던 등산객들은 뻗어 나온 가지를 툭 잘라버리기도 했습니다. 찢기고 잘린 매화나무를 볼 때마다 팔 한쪽이 잘려 나간 것처럼 쓰리고 아팠습니다. 매화나무는 집에서 제일 먼저 자주색 새순을 밀어낼 때마다 제 안에서도 꿈들이 희망들이 총총히 돋아났습니다. 새순들을 가만히 만져보았습니다. 연약할 것만 같았던 새순들이 송곳처럼 매우 강인하다는 것을 배우고 연분홍의 꽃들이 다투어 망울을 터트릴 때면 저는 세상에서 가장 충만한 행복을 느낍니다. 꽃들이 지고 난 자리마다 초록의 열매가 조롱조롱 매달릴 때 생명의 경이를 봅니다.

인간의 생명도 피우고 피울 수 있다는 믿음을 가져봅니다. 당신의 흔적은 여기저기 가득합니다. 당신이 보고 싶을 때면 꽃들은 총총히 피어납니다. 저는 요즘 인간의 생명이 한 번 더 해보자가 없다는 것. 주어진 기회는 오직 한 번뿐이라는 것이 안타깝습니다. 그래서 순간순간이 더 없이 소중합니다. 오직 하나뿐인 생명, 한순간도 소홀히 할 수 없는 생명, 매순간 생명의 귀중함을 깨닫습니다. 그래서 저는 날마다 새로운 도전을 시작합니다. 이 세상을 떠난 이후에 제가 살고 있을 때보다 더 살기 좋은, 삶의 가치가 빛나는 세상이 되도록, 염원하며, 주어진 시간 동안 저의 열정을 다할 것입니다. 당신이 늘 그랬던 것처럼. 지금 이 순간 맑게 깨어나, 가치로 빛나는 세상과 만납니다.

그리운 분이여!

꽃과 나무와 가난한 이웃을 자신처럼 돌보며 사랑했던 당신은 달님이 되었을 것이라 믿습니다. 당신께서 떠나신 날은 정월 대보름날이었고, 당신의 이름은 만월이기 때문입니다. 아니 어쩌면 당신은 지구에 오시기 그 이전부터 달님이었을 것입니다. 당신은 늘 부드럽고 온화하고 변함없이 은은한 빛들을 저뿐만 아니라 가난한 이웃 모두에게 골고루 나누어 주는 달님같은 분이었습니다. 우리는 너그럽고 은은한 당신의 빛을 그리워하고 있습니다.

달님인 당신은 언제나 제게 빛으로 오시니 저는 행복합니다. 저는 그 빛을 만나러 이른 새벽이면 뜰을 거닐고 푸른 새벽하늘을 봅니다. 그곳은 보름달이든 반달이든 작은 달이든 언제나 빛들을 내려주고 있습니다. 저는 당신이 오시는 날이든 오시지 않는 날이든 제가 살고 있는 삶들을 낱낱이 전해드리고 있습니다. 그때마다 당신은 맑고 은은한 빛들로 지친 제 몸과 마음을 포근히 품어주시곤 합니다.

당신의 딸로 이 세상에 태어나게 해주셔서, 이 세상에 당신의 딸로 살아있게 해주셔서, 제가 당신을 "어머니" 하고 부를 수 있어서, 감사합니다. 저는 이 세상에서 가장 행운아입니다. 이제부터 제 주변의 작고 소소한 일상들을 사랑하며 저를 사랑하고 제가 사랑하는 사람을 끔찍하게 사랑하며 하고 싶은 일을 소신껏 하면서 살아가겠습니다.

그날 이후 십 년, 어머니가 내 곁을 떠나신 이태 후인 2004년 오월의 편지를 적었다. 그리고 한 번도 이 글을 꺼내 읽어 보지 못했다. 어머니라는 단어가 나오면 자신이 없었다. 그런데도 어머니는 어디든지 나타났다. 글을 쓰려고 하면 언제나 나타났고 잘 써나가던 글쓰기 중간쯤에도 어머니가 등장해 있었다. 모든 것을 중단해야만 했다. 어머니를 등장인물에서 제외하면 내 글감은 하나도 없을 것 같았다.

때때로 어머니가 황토색 지팡이를 짚고 새벽이면 내게로 걸어오셨다. 방문을 열고 "어머니, 뭐 하세요?" 하고 물어보면 어머니는 "응, 너 지켜 달라고 신장님께 부탁한다." 라고 하시던 말씀과

"야야, 이곳에 평상하나 놓아다오. 니 방까지 오면 힘들어서 조금 쉬었다가 가게." 하시던 말이 나를 따라다녔다. 어머니는 내가 평상을 놓을 때까지 기다려 주시지 않았다. 숱하게 이별 준비를 했음에도 단 한 번도 이별 준비가 없었는데 그렇게 황망히 떠나셨다. 어머니는 일주일만 아팠고 잠만 주무셨다.

잠을 주무시다 깨어나 하루 동안 의식을 찾아 나를 안심시켰다. 그날 나를 잠깐 잠들게 했다. 어머니는 밤새 오른발을 들었다 놓았다, 했다. 새벽녘에 내가 깨어났을 때, 어머니와 약속한 수신호에 따라 어머니를 일으켜 오른쪽 품에 안았다. 품에 안긴 어머니는 지탱해 오시던 육신을 벗어내고 홀연히 자유인이 되셨다. 어머니 수고하셨습니다. 안녕히… 다시 만날 수 있다면 당신의 딸로 태어나게 해 주십시오. 어머니와 작별을 했다. 새벽 4시 30분이었다.

나는 오래도록 아팠다. 어머니라는 단어를 꺼낼 수도 생각할 수

도 부를 수도 없었다. 오랜 시간 동안 어머니라는 단어는 의식적으로 나와 떨어져 있는 단어였다. 그리고 아무 글도 쓸 수가 없었다. 글 속이든 어디든 불쑥불쑥 어머니가 나타났다. 마치 어디에나 들어가는 양념같이 말이다.

부시런히 일만 했다. 어머니가 떠나고 난 후 나는 어머니와 함께 계시던 어르신들과 가난한 이웃들의 임종을 지켰다. 집을 지어 '정향 효마을'과 '정향 행복한 마을'을 만들고 지적장애인의 집을 지었다. 함께 계시던 어르신들과 장애인과 이혼 가정의 아동들이 좋은 환경에서 생활할 수 있도록 만들었다. 그날 어머니에게 놓아드리지 못한 평상을 더 많은 분들이 누릴 수 있게 놓았다고 말했다. 아쉬움이 나를 흔들었다. 당신을 다시 만날 수 있는 날, 많이 아팠고 보고 싶고 그리웠다고.

2014년 두었던 편지를 발견하고 읽기 시작했다. 십 년 세월이 흘러 담담했다. 내 삶에도 많은 변화가 있었다. 어머니가 계셔서 기뻐하실 일과 어머니가 계시지 않아서 다행이었던 아픈 일들이 교차했다. 그동안 동백나무는 하늘 높은 줄만 알고 높이 올라가서 많은 가지들을 뻗어냈다. 그래서 혼자 지탱할 수 없어 위의 가지들을 끈으로 기둥에 묶어 두었다. 혼자 지탱할 수 없는 성장은 의미 없는 일이다. 낮추는 일이 중요하다.

목련은 둥치 밑에 받쳐 두었던 받침목을 미처 제거하지 못해서 받침목 높이까지 위로 성장하고 다시 옆으로 길게 가지를 뻗고 있다. 둥치가 구불구불하다. 마치 굴곡진 인생길 같다.

오동나무가 잘려 나가고 시멘트로 포장된 곳에 복쟁이 어르신을 모셨다. 배가 앞으로 나오고 뽕뽕하게 천 년을 산다는 거북이를 길게 늘려 거침없이 어깨에 걸치고, 돈 자루를 아무렇지도 않게 맨발로 밟고, 약병의 입구를 아래로 향하게 오른손으로 꽉 잡고 있다. 인간에게 수명과 복과 건강을 지키는 약을 아낌없이 나누어 준다. 무엇보다 환하게 웃고 계시는 모습만 보아도 복이 오는 것 같다. 그래서 가만히 '복쟁이 어르신' 하고 부르며 불룩한 배를 손으로 살살 만져 본다. 웃으면 복이 온다고 한다. 복쟁이 어르신의 환하게 웃는 웃음을 배운다.

방안, 좌탁에 앉아 무심히 뜰을 바라본다. 보이는 정면에 수국과 부성하가 차지하고 있다. 수국은 보라색깔의 꽃을 소복하게 피우며 눈길을 끈다. 그런데 이상하다는 느낌이 든다. 정면에 보이던 목련이 보이지 않는다. 자세히 살펴보니 수국의 밑에 목련 둥치가 보였다. 이동이 있었구나. 십 년 세월이다. 목련의 성장을 느꼈다. 둥치가 크고 가지를 뻗어 내 시야에서 사라진 것이다. 세월의 흐름을 절절하게 실감한다. 나는 다시 무엇을 하며 십 년을 살 것인가?

"모든 생명의 어머니를 사랑합니다."

오월의 편지를 빛 속으로 띄운다.

꿈나무

딸은 아기를 돌봐 줄 분이 사는 동네로 이사를 했다. 새집은 넓었다. 처음 장만한 집이었다. 하얀 색 중문을 달고, 벽을 하얀 나무로 모양을 냈다. 거실에는 전체 베란다 유리문을 가리는 접이식 하얀 나무를 설치했고, 거실 한쪽에는 소파 대신 책장이 놓여졌다. 원목의 탁자는 식탁 겸 책상으로 사용하겠다며 책장 옆에 놓였고, 티브이 전선은 공부에 방해된다며 연결하지 않았다. 딸은 자신이 살아갈 공간을 취향대로 장식했다. 깔끔했다. 딸의 하얀 피부도 공간의 일부가 되었다. 눈부셨다. 짐을 정리하는 동안 아기는 안방과 거실, 주방을 분주히 오가며 콩콩콩 뛰었다.

팥 시루떡을 은박접시에 담고 있는 나를 향해 딸아이가 엄마 언제 떡을 준비했어요, 한다.

이사를 자주 다녔다. 어머니는 내가 이사를 할 때마다 붉은 팥을 듬뿍 넣고 시루떡을 만들어 오셨다. 붉은 팥 색깔이 악귀와 귀신을 쫓는다고 했다. 팥의 붉은 색깔이 이사 후 서먹한 이웃간에 소통하는 따뜻함이라 생각한다.

접시를 들고 현관을 나서는 딸의 표정이 밝다. 씩씩하게 나갔던 딸이 굳은 표정으로 돌아왔다. 큰일이에요, 엄마. 앞집과 옆집 분들은 상냥하고 친절한 아래층 분은 돌 지난 아기가 있다고 말하자 아기가 뛰면 우리는 예민해서 못 참아요. 하더란다. 딸의 표정에 먹구름이 드리웠다.

새벽 4시면 어김없이 일어나 하루를 시작한다. 그리고 가끔씩 아이들이 집에 온다.

다음날 새벽 발소리가 아래층에 누가 될까 깨금발로 실내를 살금살금 걸어 다녔었다. 딸이 이사를 가고 혼자 남았다. 위층에서는 아기들이 통통 뛴다. 내가 예민한가? 오늘은 좀 심하다 싶다. 위층에 올라가서 말을 할까하는 생각이 들었다. 자리에서 일어났다 앉았다. 삶을 살다 보면 아래층이 되기도 하고 위층이 되기도 하지 않을까.

딸에게서 전화가 왔다. 아기가 뛴다고… 아래층 분은 진동이 심할 정도로 천장을 쿵쿵친다고 했다. 아기에게 방음신발을 신기고 방음카펫을 다니는 공간마다 깔았음에도 조그만 움직임에도 수시로 직접 인터폰을 하고 인터넷에도 올렸다고 한다.

아기를 돌보는 분은 아기가 어린이집에서 돌아오면 신경이 곤두서 낮에도 견딜 수가 없다고 한다. 그뿐이 아니었다. 소송을 하겠다고 한단다. 소송이라는 단어에 민감해진다. 해결 방법이 그것뿐일까? 소송은 승자도 패자도 없다는 표현을 쓰기도 한다. 새우는 간이 부어 죽고 개는 허파가 터져 죽는다는 비유도 있다. 결국, 둘 다 아까운 시간과 돈, 삶의 파괴가 기다린다.

먼저, 너를 나무라기 전에, 내 안을 살피고 배려하는 마음. 그리고 소통의 방법을 선택하면 어떨까. 딸이 "우울증이 오려 해요, 엄마." 한다. 엎친 데 덮친 격으로 아기를 돌봐 주시던 분이 갑자기 그만두겠다고 한단다. 엄마가 좀 도와주시면… 말끝을 흐렸다. 바쁜 일정을 소화해야 하는 엄마다. 아이는 도움을 청하기 위해 오랜 시간을 고민했을 것이다. 그리고 꼼짝 못하게 하는 한마디 '둘째가 생겼나 봐요, 엄마.' 한다.

인간의 생명을 이어주는 숭고한 현실. 지금, 인간이 이 지구에 존재할 수 있게 하는 위대한 생명이다. 선택의 여지가 없다. 딸의 전화를 받고 달려갔을 때, 아기는 보육자가 바뀌어서 매사에 매우 공격적으로 변해 있었다.

아침은 이별의 시작이었다. 티브이에서 진행하던 삼십 년만의 이산가족 상봉과 이별 같았다. 아기는 출근하는 엄마와 떨어지지 않으려 뒹굴고 보채고 목이 쉬도록 울었다. 한 번만 더 엄마의 모습을 보겠다고 베란다로 쪼르르 달려가 유리문에 매달려 얼굴을 내밀고 엄마를 한없이 불렀다. 애절하고 간절했다. 출근하던 딸은 돌아보고 또 돌아보았다. 전철 속에서도 길을 걸어가면서도 수시로 아기 뭐하고 있어요? 울지 않아요? 밥은 먹었어요? 문자가 날아들었다. 그리고 곳곳에 매트가 깔렸다. 이게 뭐니? 하고 내가 묻자 방음용 매트에요. 마트에 팔아요, 비싼 거예요 한다. 딸아이는 퇴근하고 집으로 돌아오면 아기가 콩콩 뛰면 깜짝 깜짝 놀란다.

"여기, 여기서 뛰어. 여기서." 하며 아기를 달랑 들어다 방음 매트 위에 올려놓는다. 아기는 콩콩 뛰고 아이는 매트 위에 데려다 놓고 뛰게 하고 씨름을 한다. 딸과 아기의 실랑이가 이어지자 딸아이는 아기에게 예민해졌다. 부드럽던 눈매는 날카로워졌다. 음산하고 써늘한 느낌이 들었다. 집안에 방음용 매트가 깔리고, 실내화가 신겨졌다. 평온하고 자유로워야 할 환경이 아기와 엄마에게 고문의 장소가 되었다.

아기가 살던 집으로 돌아왔다. 놀이매트의 표면이 오돌오돌하고 폭신폭신하다. 파랑, 분홍조각을 다시 연결하고 사이에 하얀 조각을 붙인다. 아기는 한 쪽 옆에서 기찻길을 연결하고 있다. 나무로 만든 음각의 레일과 양각의 레일을 제자리에 쏙쏙 잘도 끼워 맞춘다. 요렇게도 연결해 보고 조렇게도 연결해 본다. 아기가 고개를 갸우뚱거린다. 기찻길은 좀처럼 하나로 연결이 되지 않는 것 같다. 아기를 보며 '기찻길 옆 오막살이 아기아기 잘도 잔다.' 하자. 아기는 음률을 따라 앞뒤로 고개를 흔든다. 이사할 때, 찾지 못해서 챙겨 주지 못했던 오백 원 동전만 한 하얀 조각을 빨간 물고기 조각에 갖다 붙이자 물고기의 하얀 눈이 된다. 아기가 입을 뻐금거리며 물고기 흉내를 낸다. 아기의 입속에 뽀얀 치아 가지런하다. 흰 조각과 흰 조각을 연결하고 붉은 십자 마크 조각을 넣는다. 붉은 마크가 선명한 하얀 구급차가 된다. 기찻길 연결에 집중하던 아기가 고개를 든다. 매트의 구급차를 본다. 갑자기 위~웅 위~웅 소리를 낸다. 아기는 소리에 민감하다. 소리와 함께 몸까지 흔든다.

초록 색깔의 공간에 검은 색깔의 조각을 붙인다. 초록 색깔의 몸집에 검은 수염이 숭숭 달린 사자가 된다. 사자가 노려본다. 집요하다. 동그란 눈동자에 꼭 찍은 까만 초점이 가운데 정확하다. 나도 노려본다. 한판 힘겨루기다. 슬금슬금 뒷걸음질 치며 물러서면 물려 죽는다. 쏜살같이 달려야 한다. 아직 숨을 공간을 찾지 못했다.

파란 바탕에 노란 조각, 조각을 맞춘다. 노랑나비가 된다. 아기가 나비를 보자 매트 위로 달려온다. 나비를 손으로 짚는다. '음음 한다.' 그래, 나비지 나비. 우리는 우리의 언어로 통한다. 아기는 양팔을 옆으로 벌리고 나풀나풀 흔든다. 나비가 된다. '노랑나비 흰나비 춤을 추며 오너라.' 나도 따라 나비가 날갯짓을 하듯 양팔을 흔들며 훨훨, 훨훨 난다. 나비는 고요하게 있을 때 사뿐히 다가와 살며시 내려앉는데…, 행복처럼. 아기는 일어나 콩콩 뛴다. 창 너머 거실로 들어온 햇살이 통통한 아기의 얼굴에 와 닿는다. 볼이 발그레하다. 아기가 방실방실 웃는다.

아기가 놀이터로 쪼르르 달려간다. 얼마나 빠른지 눈은 아기를 쫓고 몸은 뒤쳐진다. 아기가 바람같이 지나간 자리에 도착했다.

아기를 따라 뛰어가려던 걸음을 멈칫, 멈추었다. 아기 발밑에 사금파리가 있었다. 하마터면 아기 발에 박힐 뻔했다. 쪼그리고 앉았다. 사금파리가 여기저기 널려 있다. 하나 둘 줍자 왼손이 사금파리로 가득해진다. 사금파리를 들고 일어선다. 아기는 일어나는 나를 보자 잰걸음으로 달려온다. 사금파리를 쓰레기통에 넣고 손을 털었다.

아기는 요즘 무엇이든지 따라서 나는 수시로 내 행동을 되돌아본다. 아기가 큰 형 흉내를 낸다. 오른발로 공을 차는 시늉을 한다. 발길질에 넘어져 엉덩방아를 찧는다. 일어서 다시 공을 찬다. 뒤로 발라당 넘어진다. 몇 번의 시도 끝에 아기 발에 맞은 공이 슝~ 날아 잔디밭에서 탁 멈췄다. 아기가 자전거 길로 뛴다. 빗물이 고인 곳에서 아기가 발로 물을 참방참방 밟는다. 물방울이 통통 튄다. 옷이 물에 젖고 얼굴에 물방울이 수정처럼 맺힌다. 물방울이 햇빛에 반짝 빛난다. 재미를 붙인 아기가 더 열중한다.

보도블록이 깔린 하얀 선들을 따라 걷기 시작한다. 중심을 잡는다. 선을 밟고 좁은 선을 따라 뛴다. 검고 좁은 블록 위로도 슝~슝~달린다. 아기는 걸음을 뛰는 것이라 이해하고 있을까? 미래에 육상선수감이다. 육상선수가 아기만큼만 쉼 없이 뛴다면 올림픽 금메달은 반드시 딸 것이다.

아기의 얼굴에 땀이 졸졸 흘러내린다. 뛰어가다 돌아본다. 내가 뒤에 있는지 확인하는 것이다. 등 뒤에서 너를 바라보고 있을게. 멀어져 가는 딸의 모습이 가물가물 보이지 않을 때까지…. 언덕바지에 서 있던 내 어머니처럼.

집을 만든다. 집을 만들던 아기가 곰 세 마리가 한 집에 있어, 아빠 곰 할 때, 아기가 뚱뚱해 하며 배를 앞으로 쑤욱 내민다. 엉덩이를 살랑살랑 거리며 엄마 곰은 날씬해 한다. 아기는 'ㅗ' 발음이 되지 않는다. 'ㅗ' 발음을 할 때면 '음음' 한다. 몇 번이고 연습을 한다. 주먹 쥔 두 손을 귀에 갖다 붙이고, 양 어깨를 으쓱으쓱 하며, 아기 곰은 너무 귀여워한다. 아기의 동작이 가사처럼 귀엽다.

길옆에 초록나무도 두 그루 심었다. 한 그루는 굴다리 밑에 심고, 한 그루는 갈림길에 심었다. 아기는 지게차로 먹던 밥을 퍼서 기차의 화물칸에 담는다. 순간, 화물칸에 실렸던 석탄이 생각났다. 수천 미터 지하막장에서 광부들이 목숨을 걸고 캐낸 것이 오직 석탄뿐이었을까. 가족을 위해 삶을 위해 기차는 화물칸을 달고

곡각지점을 돌고 갈림길을 지나고 굴다리도 지나고 언덕길도 지나 몇 번이고 오간다. 햇빛이 기찻길에서 점점 멀어진다.

날이 어둑해지자 아기가 엄마, 엄마~하며 조금씩 기운이 빠지고 눈가에 눈물이 맺힌다. 몇 번이나 뒤 베란다로 달려가 바깥을 내다본다. 등을 내민다. 아기가 달려와 덥석 업힌다. 어디 가보자 엄마 오나. 비행기가 내리고 있었다. 비행기 꽁무니에서 불빛이 반짝반짝 빛난다. 와, 비행기네 비행기. 비행기가 슈웅~내리고 있지. 아기도 따라 슈웅~한다. 우리 비행기 타고 갔었지, 아빠 만나러 갈 때. 아기가 음음한다. 공항의 가로등 불빛들이 호박 보석 같다. 강을 따라 이어진 강변로 은은한 불빛, 마을의 빨강 초록 불빛, 모두 보석이 된다.

등록금을 받아 갈 때마다. 엄마는 네게 투자하는 거다, 나중에 일산 집 사 줄게. 하다가 일산집이 그렇게 비싼 줄 몰랐다. 엄마 하던 막내의 말도 보석이 된다. 보석 길을 나는 말이 되고 아기는 기수가 된다. 내가 등을 펴자 아기는 내 옷을 거머쥐고 등에 몸을 바짝 붙인다. 경주에 나선 말과 기수가 생각난다. 말이 힘차게 달리자 기수는 말 등에 몸을 바짝 붙이고 엉덩이를 들썩거렸다.

거동을 할 수 없었던 어머니가 업혔던 등에, 일터로 나가며 돌 지난 막내를 업었던 등에, 이제 아기를 업었다. 내 등에 바짝 붙은 아기 엉덩이가 들썩거린다. 손으로 들썩이는 아기 엉덩이를 살짝 받쳐 준다. 지금, 퇴근해요. 어디 있어요? 엄마. 스마트 폰에서 흘러나온 아이의 목소리를 아기가 듣고 엄마, 엄마~한다. 가자, 가보자. 엄마 마중.

엘리베이터의 문이 열리자 위층 분이 타고 있었다. 인사해야지. 아기가 배꼽에 두 손을 갖다 붙이고 허리를 90° 로 숙인다. 고놈. 참, 귀엽기도 하네.

"요즘은 아기들 소리가 안 들리던데."

"자기들 집에 갔어요, 둘째 아기가 초등학교에 입학하면서 갔어요, 그래도 주말이면 딸이 꼬박꼬박 데리고 와요."

"예에, 오래 돌봐 주셨죠?"

"7년요."

7년이라는 시간이 훌쩍 지났다. 영원한 것은 없다. 기다리고 기다리니 끝나는 날도 있다.

종소리

우편으로 한 장의 엽서가 배달되었다.

새벽하늘에
긴 강물처럼
종소리가 흐르면
늘 기도하는
마음으로 살게 하여 주십시오.

한 번의 눈짓
한 번의 손짓
한 번의 몸짓에도
후회와 부끄럼 없는
삶을 살게 하여 주십시오.

유천 역에서 이상금.

한 동네에 이모집이 있었다. 이모집에는 남자 형제들이 많았고 그중에서 나와 동갑내기도 있었다. 그런 연유로 친구들과 이종의 친구들은 자연스럽게 어울렸다. 개방적인 이모부는 우리들의 놀이를 지원하셨다. 배구를 하고 피구를 하고 게임을 하면서 자연스럽게 친하게 지냈다.

그때나 지금이나 나는 친구들을 겉모습을 보고 사귀지는 않았다. 친구들의 언어와 행동에 더 매료되었고 상금이도 말과 행동이 단정하고 자그만한 게 예뻤다. 그 외는 기억하고 있지 않다. 그 친구가 떠난 후에야 상금이의 걸음걸이가 불편했다는 것을 다른 친구에게 들어서 느꼈을 정도였다.

우리는 자주 어울렸다. 그러는 사이에 각자 첫사랑을 키웠던 것 같다. 아마 이종과 상금이는 좋은 관계로 발전하고 있었고, 꽤나 오랜 시간 동안 친밀하게 지냈다고 한다. 그런데 이종이 고등학교를 졸업하고 은행원이 되고, 그 사이 또 다른 친구가 둘의 사이에 끼어들면서 이종과 사귀게 되었다고 한다. 그런 연유로 하여 어느 날 상금이는 자신의 주변을 모두 정리하고 떠났다. 내게 어떤 이야기도 없이 훌쩍 떠난 것이다.

나는 친구가 떠난 한참 후에야 그 일이 오해였다는 것을 이종에게 들었다. 그리고 둘 다 진실했던 것을 알 수 있었다. 나는 상금이가 어디로 갔는지 지금까지 알 수 없다.

다만, 유천역에서 보낸 이상금이라는 엽서 한 장을 받았을 뿐이다. '한 번의 눈짓, 한 번의 손짓, 한 번의 몸짓에도 후회와 부끄럼 없는 삶을 살게 하여 주십시오.'

십대 후반의 우리들 소망같이 내 책상머리에서 사십 년의 화두가 되었다. 마음이 예쁜 상금이의 내면의 기도가 긴 종소리처럼 여운을 남긴다.

길 없는 길

새벽에 일어났다 다시 잠이 들었던 모양이다.

오늘은 아이의 생일이다. 아이는 여덟 시면 집을 나선다. 삼십분이면 도착할 수 있다. 하늘은 뿌연 안개에 덮여 있다. 나는 무엇에 홀린 듯 길을 나섰다.

무작정 산길로 접어들었다. 지름길이다. 70° 의 가파른 능선 길에서 한 번쯤 쉬었다 올라야 하는 계단을 허겁지겁 올랐다. 숨을 고를 시간도 없이 구불구불한 산길을 내달렸다. 땀이 목을 타고 줄줄 흐른다. 마음이 몸보다 저만치 앞서가고 있다. 아이가 있는 아파트가 보이기 시작한다. 이대로만 간다면 밥은 먹일 수 있을 것 같다.

아이는 소고기를 넣고 끓인 미역국을 좋아한다. 냉동실에 씻어

둔 미역과 볶아둔 소고기를 해동하는 시간에 냄비를 올리고 아이가 먹을 양 만큼 물을 부어 끓이면 된다. 국이 끓는 동안 냉동실에 넣어 두었던 찰밥을 해동하면 준비 완료이다. 바쁜 일상을 위해 모든 재료는 미리미리 준비되어 있다. 숙련된 솜씨로 밥상을 차리는 시간은 충분하다. 그리고 아이는 옷을 입고 출근길에 나서면서 적당히 식혀둔 밥과 국을 몇 숟가락은 먹고 갈 것이다.

드디어 산길의 끝이 보인다. 계단을 내려가서 차도를 따라 십오 분만 돌아가면 아파트에 당도한다. 계단을 내려서려다 문득 걸음을 멈추었다. 빤히 보이는 아파트를 돌아가지 않고 바로 갈 수는 없을까. 오 분이면 갈 수 있는 거리였다. 십 분은 단축할 수 있을 것 같다. 다시 산길을 보았다. 내가 서 있는 곳에서 사선방향으로 경사진 길을 오르고 직각 방향으로 내려가면 아파트다. 아파트는 산길과 닿을 듯 정면에 있다. 나는 일상의 길을 버리고 무작정 경사진 길을 올랐다. 그리고 아파트를 보면서 직각 방향으로 접어들었다.

잎을 모두 떨구어낸 나뭇가지와 거미줄과 마른풀들이 앞을 막는다. 더듬더듬 길을 만들면서 발걸음을 옮긴다. 눈앞을 가로 막는 마른 나뭇가지가 칼날같이 날카롭다. 옆으로 비키려다 나뭇가지에 눈이 찔렸다. 아찔했다. 눈앞이 뿌옇게 되었다. 나뭇가지가 가슴을 찌른 것도 아닌데 가슴이 아팠다. 누군가 내 뒤통수를 한

대 때린 것 같다. 눈물이 앞을 가렸다. 울다가 발을 헛디뎌 떼그르르 굴렀다. 몇 바퀴 구르다 멈춰 섰다. 혼미하다. 잠이 덜 깼나? 도깨비에 홀렸나?

일을 해야 했다. 당장 먹고 살아야 하는 절박한 생활이었다. 일을 하고 집안일을 하고 아이들을 돌보고 교육하느라 시간 전부를 사용해야 했다. 새벽 여섯 시에 그날 장사할 물건을 받아다 두고 아이들을 깨우고, 학교에 보냈다.

짬짬이 신학기 아이의 등교를 위해 부지런히 뜨개질을 했다. 헌 털실을 풀어 색깔 별로 선별하고, 양쪽 귀가 달린 노란 냄비에 털실을 끼우고 바닥에 깔릴 정도로 물을 붓고 뚜껑을 닫았다. 냄비에 불을 가하면 김이 솔솔 올랐다. 김을 통과한 털실은 새 털실이 되었다.

내 손놀림으로 연분홍의 원피스가 되고, 연노랑, 하얀 투피스가 되었다. 선물 묶음으로 사용되었던 테이프를 옷 색깔에 맞추어 리본으로 오리고 잘 다려두었다가, 아이들의 긴 머리를 쫑쫑 땋아 리본으로 묶고, 색깔 별로 뜨개질한 옷을 입히면 예뻤다. 가난한 엄마의 선물. 세상에서 하나뿐인 명품 옷을 입고 아이들은 총총히 등굣길에 올랐다.

그때는 그것이 최선이었다. 내 모든 일상생활은 아이에게 맞추어져 반드시 수행하는 최우선 과제였다. 아이와 함께 편안하게 밥을 먹은 기억이 없다. 나 자신을 위해 끼니 때마다 제대로 밥을 챙겨 먹을 시간이 없었다는 의미다. 몸에 힘이 빠지고 무기력해지면서 심한 통증의 위병이 발생할 때까지 그랬다. 위장병이 심할 때는 아픈 위를 움켜쥐고도 일을 해야했다. 언제 내가 밥을 먹었을까. 규칙적인 식사는 가늠할 수 없는 꿈의 거리였다. 일하는 연장선상에서 차도를 스치는 풍경에서 개나리를 만나면 봄이구나 싶었고, 가로수의 은행잎이 노랗게 물들면 가을이구나 했다.

한 번쯤 나를 돌아보고 삶을 살펴보고 삶의 주인이 되어야 하는데. 어떻게 살고 있는지 점검해야 했는데. 그렇게 할 마음의 여유와 방법을 몰랐다. 다만, 삶에 끌려가면서 대치하듯이 나를 엄하게 통제하면서 일만 했다. 이후, 다시 회복할 수 없을 만큼 심한 병마와 싸우면서 나는 어떻게 살고 있는가? 나를 살폈다. 삶의 태도와 습관과 행위를 변화시켰다. 삶의 기술을 배우고 덤으로 얻은 생명을 어떻게 살 것인가? 목표와 방향을 정하고 새로운 삶을 시작했었다.

내 안에 또렷하게 남아 있는 연민 하나가 있었다. 그것은 아이와 함께 밥을 먹는 일이었다. 그래서 아이가 출가하기 전까지만이라도 부지런히 밥을 같이 먹기로 나 혼자 결정했던 것이다. 남들은 매일 아이와 함께 밥 먹고, 생활하는 보편적 일상들이 내게는 마치 특별한 의식을 치르는 것 같다. 함께 밥 먹는 일, 내 손으로 지은 밥을 먹여야지, 나중에 후회 없도록 말이다.

함정이었다. 데굴데굴 굴러 멈춘 곳은 구덩이였다. 발밑에 사람의 시체라도 썩어 있을 것 같았다. 음산했다. 이곳이 공동묘지였다는 것은 미처 몰랐다. 아차, 한순간이라도 정신을 놓치면 이렇게 구덩이에 빠지는구나. 구덩이는 내 몸 하나 누울 크기였다. 나는 구덩이에 시체처럼 던져졌다. 죽음. 오히려 안온한 느낌까지 든다. 그대로 한참을 누워 있었다. 천천히 눈을 떴다. 나뭇가지에 가려져 하늘은 보이지 않는다. 바람소리도 멎었다. 아파트는 아득히 먼 곳에 있는 듯하다. 바른길을 벗어나 지름길만 찾아 허겁지겁 달려 왔구나 싶었다. 일상에서 허겁지겁은 절대 금물이라는 것, 새로운 길에는 감정이 필요 없다는 것, 이성적 판단과 또박또박 걷는 견제가 필요하다는 것.

어디선가 개 짖는 소리가 들렸다. 사나운 개는 펄펄 날뛰며 왕왕 짖고 있었다. 무단 침입자에게 금방이라도 달려들 것 같았다. 온몸에 소름이 돋았다. 아파트에서 바라보면 아무도 없는 것 같았던 집을 사람들은 목장 집이라 했다. 그런데 목장 집에 개들을 호위무사처럼 거느리고 사람이 살고 있었다.

거기 길 없습니다. 빨리 이리 나오소. 길로 다시 올라가소. 어서요. 개 주인은 단호했다. 아니면 씩씩거리고 있는 사나운 개들이 금방이라도 달려들 것 같았다. 개 주인이 개를 타이르고 있었다.

나는 눈앞에 있는 아파트 길과 내가 서 있는 사이에 철조망이 쳐진 것을 보았다. 삼팔선의 철조망 같은 철조망. 길은 있는 듯 없었다.

다시 산길로 올라오며 울렁증을 느꼈다. 꿈을 꾸고 있는 것 같기도 하고 무엇에 홀린 것 같기도 했다. 밤이 아니라 아침이기에 다행이다 싶었다. 눈앞에 집을 두고 사람이 죽을 수도 있겠다는 생각도 들었다. 시시때때로 무서운 맹수가 생명을 노리고 있다는 사실이 섬뜩했다.

아이는 출근하고 없었다. 25층 아파트에서 방금 내가 걸었던 길을 바라본다. 빤히 보이는 저곳에 엄청난 함정이 도사리고 있었구나. 마음 도깨비에 홀렸다는 것을 깨닫는다.

내 앞에는 언제나 빠르고 쉬운 길은 없었다. 험하고, 험한 길이 있었다. 그곳을 헤치고 견뎌 내고 길을 내고 길을 찾아 여기까지 온 것이다. 삶의 길을 걸어오는 동안 얻은 교훈은 빠른 길은 없다는 것이다. 다만, 나는 누구인가? 왜 사는가? 수시로 물으면서, 또박또박 걷는 바른길이 있었을 뿐이다.

2

희망

일상의 심화

새벽 세시!

건너편 아파트 창으로 불빛이 새어나오고 있습니다. 아마 밤새워 연구하고 공부에 몰두한 또 하나의 생동하는 삶이 밤을 밝히고 있었나 봅니다. 자기의 삶을 풍요롭게 하는 것은 지속적인 공부뿐입니다.

공부란 학문뿐만 아니라 일상으로부터 일어나는 모든 것입니다. 스승을 찾아 자기를 밝힐 수 있는 겸손과 영적인 공부까지입니다. 하나의 삶과 하나의 목표에 집중과 몰입을 할 수 있는 실천은 끝없는 자기 훈련을 의미합니다. 고착화된 편견을 버리고 객관화의 보편적인 삶의 길을 찾는 것입니다. 이러한 노력을 지속할 수 없다면 우리는 곧 잘못된 자기신념을 만들고 그것을 합리화하고 고정화하여 믿고 굳히면서 생활함으로써 자기의 고통뿐만아니라 타인의 삶에도 갈등을 유발하게 하는 것입니다. 그래서 하루의 공부 실천지침으로 다짐하는 글을 적어 방문에 붙였습니다. 들고날 때마다 보기 위해서입니다.

- 자신을 반성하기
- 모두에게 늘 감사하기
- 오늘 하루 주어진 나의 삶에 최선을 다하기.

감사하는 나날 오늘 하루 의미 있게 살기. 사람은 혼자 살 수 없다. 모든 삶의 형태는 관계 속에서 이루어지고 있다. 일어나는 문제들은 반드시 원인이 있고 그 원인을 풀면 해결된다는 것이다. 원인에 따른 삶의 결과에 대한 것은 어김없이 찾아온다는 것이다. 위기와 시련 속에서도 한 그루의 사과나무를 심는다는 신념이 필요합니다.

봄의 초입에 꽃을 피웠던 춘란이 봄 내내 생명으로 충만한 힘을 보여주고 있습니다. 따뜻한 보살핌도 없었는데도 저 혼자 생명을 피워냈습니다. 춘란의 당찬 생명력을 후~ 날려 보냅니다.

어젯밤 댓돌 위에 신발을 벗다 춘란 위로 넘어졌습니다. 아차! 꽃은 다치지는 않았는지 어둠 속에서 춘란의 안전을 먼저 확인했습니다. 그리고 발에 난 상처를 살폈습니다. 요즘 자주 비틀거립니다. 누구의 사랑하나 담아 심어놓은 춘란. 생명의 열정을 배우고 싶은 날입니다.

날씨가 몹시도 변덕스럽습니다. 순환의 경이로움. 이 아름다운 시간 안에 존재해 '있음' 에 감사합니다. 살아 있음으로 소중한 생명, 신비한 존엄. 지금 이 순간 저와 함께 '맑은 생명' 으로 깨어나면 어떨지 삶에 대한 두려움과 불안의 어둠은 정직과 진실함 그리고 자신감과 긍정의 밝음에 의해서 밀려납니다.

- 생각을 바꿔라, 그대의 행동이 달라질 것이다.
- 행동을 바꿔라, 그대의 습관이 달라질 것이다.
- 습관을 바꿔라, 그대의 성품이 달라질 것이다.
- 성품을 바꿔라, 그대의 운명이 달라질 것이다.

어김없는 우리들의 무언의 약속 그것은 존재의 '살아있음' 입니다. 연약하게만 보이던 작은 새순들이 대추씨앗처럼 딱딱하고 강하다는 것을 알았을 때 그것은 경이로움이였습니다. 생존을 위한 강인함은 생명의 싹을 땅 위로 올린 지 며칠 만에 꽃 순들은 시샘하는 추위와 바람에 휘청거립니다. 때맞추어 몇 차례 내리는 봄비와 바람에 더욱 강건해졌습니다.

새싹들은 이제 더 이상 새싹이 아닙니다. 꽃 순을 매달고 꽃대가 40㎝정도 키가 웃자랐습니다. 드디어 노란 속내를 드러내며 함박꽃 다섯 송이가 연분홍의 수줍은 웃음꽃을 피우기 시작합니다.

지금 뜰에는 함박 웃음꽃 같은 봄, 오월이 있습니다.

보이는 현상은 꿈같고, 번개같고, 이슬 같고…. 그렇게 순환하고 있음으로 흘러가게 '내버려둠' 그것은 일어나고 사라지면서 흘러갈 뿐입니다. 고통이든 기쁨이든 생기고 소멸하면서 순환합니다. 우리가 고통을 멀리하고 기쁨만을 가까이 했다면 늘 고통 속에서 살 것이고 우리가 지금 고통을 이겨내고 있다면 늘 기쁨 속에 살 것입니다. 행복은 의미 있는 일을 하고 조화로운 삶을 살아가는 것입니다.

- 우리는 오늘도 어떤 삶의 향기를 나누어 주고 있는지
- 나의 향기가 타인에게 어떤 에너지가 되고 있는지
- 나는 오늘도 조화로운 나의 삶을 살고 있는지
- 확인하는 일 놓치지 마시기를.

우리는 날마다 부정과 긍정의 내면과 투쟁을 합니다. 생존하기 위해서 순간순간 일어나는 삶의 문제를 알아차리고 그 문제를 회피하지 않고 정면으로 부딪치며 헤쳐 나가는 과정이 삶은 아닐까

생각해 봅니다.

편하고 좋은 것만 행하면 그 다음은 어렵고 힘듦은 늘 따라옵니다. 어렵고 힘든 일을 하면 다음은 평온한 삶이 늘 함께 할 것입니다. 우리가 받은 은혜보다 더 많은 것을 세상에 나누어 주고 갈 수 있기를, 늘 선한 삶을 살 수 있도록, 선한 삶이란 나도 좋고 타인도 좋은 삶입니다. 그것은 자기 헌신에서만 이루어집니다. 남 앞에서 부끄러워하는 사람과 자기 앞에서 부끄러워하는 사람 사이에는 커다란 차이가 있습니다.

희망

시작이 반이다. 배는 항구에 있지 말고 바다로 나가야 멸치라도 잡을 수 있다. 나는 익숙한 일상에서 일탈을 시도하고자 한다.

전철을 타기로 했다. 정류장을 찾는데 시간이 소요됐다. 익숙하지 않은 일상은 나를 이방인처럼 겉돌게 한다. 새로운 경험이다. 표 사는 곳을 몰라 한참을 헤맸다. 무인 안내기는 친절했고 질문은 사양이었다. 모든 결정은 내가 직접 내려야 한다. '방향을 선택하십시오, 목적지를 결정하십시오, 요금을 지불하십시오' 그렇지. 가야 할 방향이 우선이지. 방향 없는 목적지는 많은 혼란을 줄 것이다.

가만, 오늘의 목적지가 어디지? 나는 순간 가야 할 목적지를 정하고 방향 버튼을 꾹 눌렀다. 친절한 안내에 따라 다음 버튼을 눌렀다. 지폐를 사용해도 되는 줄 모르고 동전을 찾느라 시간을 한참 지체했다. 다시 방향 버튼과 목적지 버튼을 꾹 누르고 요금을 지불했다. 가야 할 곳이 있다는 것은 다행이었다.

에메랄드빛 물이 호수 가득히 살아있는 듯 출렁이고 있다. 하늘은 더없이 맑다. 물 위로 복숭아 나뭇가지 하나가 쭉 뻗어 나왔다. 가지에는 분홍의 복사꽃이 총총히 피어 있다. 손을 뻗으면 닿을 것 같은, 복사꽃과 물빛과 하늘빛이 한 폭의 동양화 같다. 그 동양화에 우리도 하나의 풍경이 된다.

우리는 불사조 같다. 의미 없는 만남과 헤어짐이 반복되었고, 침묵과 인내의 세월을 보내야 했다. 그러나 미워할 수는 없었다. 그러는 만큼 내 마음이 아파야 했기 때문이었다. 오랜 기다림과 염원 끝에 교각 입구에 그와 나는 서 있다. 마치 예식장에 들어가는 매우 조화로운 한 쌍의 신랑 신부 같았다. 우리는 손을 맞잡고 나란히 교각의 계단을 천천히 올랐다.

교각에는 정교하게 만든 가로등들이 질서 정연하게 설치되어 있고, 황금빛으로 장식된 기둥들이 화려하다. 한 쌍의 남녀는 두 손을 꼭 잡고 호수의 물을 보고 있었다. 호수에는 하얀 인공의 백조들이 물 위를 둥둥 떠다니고 있다. 우리 앞으로 몇몇의 남녀가 쌍을 이루며 걸어오고 있다. 서로 마주보고 웃기도 하고 어깨에 손을 올려놓기도 한다. 우리는 교각의 중앙을 걸었다. 그는 신나서 큰소리를 내며 환하게 웃었고, 보석을 사랑한다고 말했다. 그는 오랫동안 손에 들고 있는 진주를 보았고, 다이아몬드에 몰입하고 있었다. 둘 다 내가 좋아하는 보석이다. 나는 자기 안에 들어온 모래를 자기의 핵으로 보듬어 진주를 탄생시킨 조개의 삶을 사랑하고, 수천 번 세공사의 손길과 눈길을 거친 정교함으로 빚어진 신비한 다이아몬드의 맑음을 동경한다. 그리고 금강석 같은 단단함을 믿는다. 그러나 둘 다 원석은 돌이라고 그에게 이야기했다.

나는 세공사가 보석을 세공하듯이 우리도 내면을 살피고 수없는 손길과 눈길과 행위의 과정을 거치면서, 나를 버리고 나를 찾는 동안 금은 금으로, 은은 은으로, 쇠는 쇠의 가치와 신념이 담긴 개성 있는 자기가 될 수 있다고 이야기했다. 개성 있는 자기는 우리의 삶에 아름다운 조화를 이룰 것이다. 인간도 타인에게 유익한 신념과 가치를 개발하기 전까지는 원석에 머물러 있을 것이라는 생각이 들었다.

다리의 중간쯤에서 걸음을 멈추었다. 교각에 세워진 가로등 기둥의 황금빛이 유난히 반짝거렸다. 진공묘유眞空妙有 같은 황홀감이었다. 나는 비로소 고개를 들고 멀리 바라보았다. 다리 건너편에 소담한 마을이 있었다. 옹기종기 초가집들이 평화롭다. 길옆의 밭고랑 사이로 연둣빛 물감이 길게 번지고 있다. 마을을 뒤로 나지막한 산들이 크고 작게 보일 듯 말 듯 어우러져 있고, 산 앞으로 나무들이 병풍을 두른 듯 울창하다.

나는 그에게 그곳으로 가고 싶다고 했다. 울도 담도 없는 오두막을 정갈하게 꾸미고, 날마다 몸이 조금은 고단할 만큼 일을 하고, 따뜻한 밥을 지어서 서로 먹으라고 하면서 그와 함께 마주보며 도란도란 오붓하게 살고 싶다고 했다. 그러나 그는 교각 오른쪽을 바라보고 있었다. 그곳에는 청기와로 지붕을 올린 웅장한 집과 주홍빛 기둥의 넓은 정자가 있었다. 많은 사람들이 그곳을 향해 가고 있었다. 그도 그곳으로 가고 싶다고 했다.

나는 삶이 연극이라는 생각이 들었다. 주어진 인생의 무대에서 잠시 자기에게 주어진 역할을 수행하고 있는 것이다. 고통이나 행복, 슬픔이나 기쁨 또한 생을 사는 동안 잠시 맡은 배역일 뿐이다. 이 배역은 곧 끝날 것이다. 다른 사람의 역할이 좋아 보여도 남의 삶의 배역을 맡을 수는 없는 것이다. 현재 위치에서 내게 부여된 역할 수행을 열심히 마무리해야만 가능하다.

다시 걸었다. 다리 끝에 도달했을 때 문득 지나온 시간이 짧다고 느꼈다. 교각 계단을 천천히 내려서면서 우리는 잡았던 손을 살며시 놓았다. 나는 직선방향의 오두막으로 향했고, 그는 오른쪽으로 방향을 잡고 있었다. 우리는 가야 할 목적지가 달랐다.

그때 안내 방송이 흘러나왔다. "다음 역은 희망역입니다. 내리실 분은 오른쪽입니다."

나는 몰입하여 상상의 나래를 펼치던 그림엽서를 얼른 가방에 챙겨 넣고 오늘의 목적지인 희망역에서 내린다.

발아

연둣빛 생명들이 방실방실 거린다. 생명의 경이다. 흙의 품에 안겨 몇 날째 잠을 자던 씨앗들이 흙을 머리에 이고 발아를 시작한 것이다. 씨앗의 빈 껍질을 연둣빛 잎사귀 끝에 매달고 여기저기서 수런수런 새 생명들이 태어난다.

뽀송하게 올라온 여린 생명들이 두 장의 연둣빛 떡잎을 펼친다. 연둣빛은 생명의 색깔이고 희망의 색이기도 하다. 언제부터인가 나의 내면에 형성된 정서다. 생명들이 텃밭을 매우기 시작하면서 매일 매시간마다 그 앞에서 걷던 걸음을 멈춘다. 햇살이 잘 들지 않는 곳에 있는 생명들은 흰 실을 달고 있는 듯 하얀 줄기를 길게 밀어 빛을 만나고, 햇살이 잘 스며드는 곳에 있는 생명은 오종종한 잎들을 연신 펼친다. 생명들은 서로 한곳에 엉켜 있기도 하고,

줄기를 뻗어 다른 싹의 머리 위에 걸터앉은 것도 있다. 이를 피해 달아나듯 뒤에 있는 생명에 기댄 것도 있고, 흙에 붙어 하늘이 있음을 잊어버린 생명도 있다. 함께 어우러진 생명들에게 부지런한 일꾼은 마술을 부린다. 착한 일꾼의 손길이 스쳐 지나면 새 생명들은 어느새 연둣빛 물결을 이룬다.

인간은 자기가 생각하고 있는 것만큼만 본다고 한다. 몇 해 동안 어르신들의 생활공간인 집을 지었다. '민폐 현상이다, 집값 떨어진다, 물러나라.' 고 일어나는 민원과 비난을 받아내야 했다. 그런 일들과 대치하면서 그 일에만 몰입하고 있었다. 나는 어떤 일을 결정하기 전까지 심한 진통을 겪는다. 하고자 하는 일이 결정되고 일을 시작하면 시작한 일에 대해 집중하는 습관이 있다. 그리고 시작한 일이 마무리될 때까지, 한곳을 바라보고 생각하고 행동하며 그 일에 몰입을 한다.

그때 나는 분주한 바깥일로 집주변을 돌아볼 수 있는 마음의 여유를 갖지 못했다. 무관심과 돌봄의 소홀, 버려진 듯 흘러간 시간으로 주변 환경들이 황폐화되어 있었다.

숲 사이사이 작은 채전에는 사람의 손길이 스치지 않아 무성해진 잡초더미와 길을 오가는 사람들이 아무렇게나 버려둔 생활쓰레기, 폐가구들을 제때 치우지 않아 곳곳을 가득 메우고 있었다. 짠 기운을 정제하지 않고 내다버린 음식물 찌꺼기는 흙의 생명을 검게 물들이고, 쌓여있는 쓰레기들이 썩어가면서 악취와 모기, 벌레들의 서식지가 되었다.

오솔길 양옆으로 숲을 이루던 시느르대가 일년생 고추의 지지대로 사용하려는 사람들이 몰래몰래 잘라가 대숲의 기능을 잃어버렸다. 이곳으로 잠시 산책을 나서면 언제 날아왔는지 보일 듯 말 듯 미세한 작은 물것들이 몸에 달라붙어 극성을 부렸다. 주변 환경은 생명의 싹이 움틀 수 없는 폐허로 변해 있었다. 싹이 움틀 수 없는 공간은 사람도 편안히 쉴 수 없다. 이곳이 다시 사람들을 유익하게 할 수 있을까?

착한 일꾼 한 분을 모셔왔다. 착한 일꾼은 시키지 않아도 자신이 알아서 일을 찾아했다. 썩어가던 온갖 쓰레기들을 트럭에 실어 세 번이나 처리장으로 보냈다. 인간도 잠시 방심하면 자기 안의 쓰레기로 생명의 기능을 제대로 보살필 수 없을 것 같다. 그래서 날마다 자기 안을 살피고 살펴야 한다.

채전 한 쪽의 썩어 가는 복숭아나무와 배나무의 가지를 잘라내고, 불필요하게 뻗어 나온 감나무의 가지치기도 해주었다. 흙 속에 깊숙이 묻힌 비닐봉지와 쓰레기들을 걷어내고, 치우면서 흙들을 보충하며 여러 차례 거름을 해, 깊이 묻힌 검은 흙에게 햇살과 공기를 반복해서 만나도록 해주었다.

흙을 정성스레 토닥이며 착한 일꾼이 씨앗을 뿌렸다. 씨앗을 뿌린 이후부터 새 움을 틔우는 동안 착한 일꾼의 손길은 더욱 부지런해진다. 너무 비좁게 움트는 생명들을 하나하나 돌보며 잡초를 뽑아내고, 벌레와 방해 요소들을 제거했다. 이들이 생명의 싹을 틔울 수 있도록 성장의 공간을 쉼 없이 만든다.

하나하나 모든 싹들에게 정성을 다하는 착한 일꾼의 모습이 아름답다. 싹들을 좁은 틈에서 솎아낼 때마다 내 안에도 뽑아내고 버려야 할 것들은 무엇인지 살핀다. 공간은 비어 있어야 한다. 그래야 새 생명이 싹을 틔울 수 있다. 새 생명은 나와 이웃을 유익하게 하는 것이어야 한다.

새 생명으로 태어나기 위해 '나는 누구인가? 나는 지금 내 세상 어디쯤에서 무엇을 하며 살고 있는가?' 명료하게 아는 일이다. 나를 이해하고 수용하면서 내가 내 삶의 주인이 되는 것이다. 뿐만 아니라 나를 발견하고 이해하는 것은 선함의 싹을 틔우는 일이다.

자기의 생각만 옳다는 관념의 껍질을 벗어 내고 날마다 새롭게 태어나야 한다. 더불어 함께 살아가야 하는 사회와 환경 속에서 조화로운 나를 발견해 내는 것이다. 내가 하나인 생명으로 새롭게 태어나 세상으로부터 받은 많은 은혜를 다시 세상을 유익하게 하는 것으로 돌려주고 싶은 것이다. 그래서 나는 날마다 새 생명으로 태어나 우리를 위한 꿈과 희망의 싹을 틔운다.

집 주변으로 연둣빛 생명들이 출렁인다. 감동의 물결이다. 때마침 찾아온 미풍이 그 틈새로 길을 낸다. 착한 일꾼은 이 길을 오가며 열무, 오이, 가지, 호박, 깻잎, 방울토마토를 아침마다 한 아름씩 안고 온다.

풍성함을 이웃과 함께 해도 좋은 아침이다. 착한 일꾼은 올해에도 벌써 몇 번째 씨앗을 심고 생명이 주는 보답을 거두어들인다.

명품이 된다

황금색 물감들이 곳곳으로 번지고 있다. 한 폭의 그림 같은 눈부심이다. 스산한 기운을 안은 바람이 갑자기 회오리바람이 된다. 바람이 은행나무를 스칠 때마다 잎들이 우수수 떨어져 낙엽이 된다.

허리를 굽히고 떨어진 낙엽 몇 장을 주웠다. 멀리서 바라만 보았을 때는 아름답게 보였는데 노랗게 물든 잎사귀에 벌레의 흔적이 역력하다. 검은 점들로 군데군데 흠집이 나 있다.

나는 손에 들고 있던 은행잎의 먼지를 털어내고 수첩 사이에 끼웠다. 떨어진 잎들의 운명은 어떻게 되는가. 다시 떨어진 나무에게로 돌아가 거름이 될 수 있는가. 새로운 생명으로 거듭 태어날 수 있는가.

재료구매

"이거 금산에서 캐온 도라지라 예, 인삼 캐낸 자리에 심었던 겁니다. 정말 좋은 6년근 도라집니다."

판매원의 호객소리가 발목을 잡는다. 오랜 시간 동안 새벽에 시장을 다녔다. 아이들의 등교 시간을 맞추느라 내가 필요한 물건만 보고 바쁘게 구입하고 서둘러 집으로 돌아갔다. 그래서 시장 어디에 무엇이 있는지 몰랐다. 아침과 달리 저녁 재래시장은 마음이 한결 여유롭다. 걷던 걸음을 멈추었다. 호객 소리가 나는 쪽으로 시선을 돌렸다. 도라지를 내 앞으로 쑥 내밀며 웃는 판매원의 뽀얀 얼굴이 예쁘다.

"6년근, 최상품 도라집니다."

말씨가 상냥하고 곱다. 하지만 그 말은 여운을 남기며 사라지는 잡을 수 없는 종소리다. 눈길을 도라지에게로 돌렸다. 티브이에서 소개되었던 중국산 도라지와 국내산 도라지의 구별법에 대하여 방영한 지식을 기초로 하여 도라지의 상태를 차근차근 살펴보았다. 중국산 도라지는 잔뿌리가 없고 매끈하다고 했다. 반면에 국내산 도라지는 잔뿌리가 옆으로 퍼지고 잔뿌리가 많이 달려 있다고 했다.

판매원이 내민 도라지는 옆에 수북이 쌓여 있는 도라지 중에서도 제일 좋은 최상품으로 골라 놓은 것 같다. 도라지 한 뿌리가 오동통한 양다리를 서로 꼬고 있다. 인삼 같다. 다리 모양 같기도 하고 서로 사이좋게 의지하고 사는 사람의 관계 같다. 좋은 사람의 관계가 언제 일탈한 화살이 되어 서로의 심장을 찌를지도 모른다.

최근에 재료의 구매방법을 바꾸었다. 재료를 대량으로 구입하면 가격은 저렴했다. 하지만 물건을 다 사용하지 않았을 때는 상하고 버려야 하는 재료들이 많았다. 그래서 지금은 필요할 때마다 직접 생산지나 재래시장 등을 다니며 구매하는 발품을 팔고 있다.

필요한 만큼의 도라지를 구입했다. 가격도 최상의 것으로 골랐다. 판매원은 한 뿌리를 덤으로 더 넣어주려고 했고 나는 한사코 관두라고 사양했다. 덤으로 넣어주는 그 한 뿌리가 판매원의 오늘 하루 일당일지도 모른다는 생각이 들었다. 이어서 수세미와 오이도 구입하고, 배도 최고의 맛을 보장하는 집으로 가서 구입했다. 이어서 오미자, 대추, 생강, 콩나물… 등도 구입했다. 제품의 질을 결정하는 첫 번째 조건은 좋은 재료를 구입하는 것이다.

기다림 1

가마솥에 불을 지폈다. 불쏘시개인 황토색 깔비에서 모락모락 연기가 나온다. 깔비가 쉽게 자기를 내어놓기를 거부한다. 나는 머리를 숙이고 아궁이 가까이 다가가서 꺼져가는 불씨에다 후~ 하고 입으로 바람을 불어넣었다. 연기가 눈으로 확 들어온다. 눈이 맵다. 눈에서 눈물이 난다. 볼을 타고 눈물이 줄줄 흘러내린다. 핑계 삼아 울고 싶어 그냥 두었다.

눈물이 치료가 되었던 경험이 있다. 그때 나는 억울함을 참아오다 울음이 폭발했고 밀폐된 공간에 들어가 스물네 시간을 울었다. 그리고 다음날 아침잠에서 깨어났을 때 내 정신세계는 마치 무지개가 뜬 것과 같았다.

다시 한 주먹의 깔비를 한 번 더 아궁이에 던져 넣었다. 연기가 나면서 동시에 불이 확 붙는다. 일어난 불꽃은 깔비를 태우면서 장작개비로 옮겨 활활 피어난다.

데워지기 시작한 가마솥에 적당량의 맑은 물을 삼분의 이정도 부었다. 구입해온 재료들을 다듬고 쪼개고 잘라 세밀하게 손질하여 맑은 물에 씻어 두었다. 재료들을 가마솥에 넣었다. 솥 안이 가득해졌다. 재료와 물과 불과 시간이 조화롭게 어울려야 한다. 그래야 하나의 새로운 물질이 탄생된다. 그리고 열두 시간은 기다려야 한다. 이제부터 물과 불과 재료와 기다림의 시간이 만들어낸 새로운 물질이 탄생될 것이다.

기다림 2

가마솥에서 달여진 물질을 채반에 받쳤다. 달짝지근한 갈색의 탄생물이 되었다. 너무 뜨거우면 질금 가루의 본질을 우려 낼 수가 없다. 20~30° 정도로 식힌 다음 질금 가루를 담갔다.

보리가 싹 틔움에서 멈춘 상태로 말려 가루로 만든 것이 질금 가루다. 질금 가루는 다른 물질의 변화를 위한 삭힘에 헌신한다. 이제부터 내 손의 움직임은 예술이다. 박박 치대고 조물조물 양손으로 비벼대기도 하면서 최대한 질금 가루가 가지고 있는 성분을 뽑아낸다. 질금 가루가 물과 만나 손동작을 거치면 하얀 물로 변화되었다.

찹쌀과 멥쌀을 1:1의 비율로 섞어 갈색의 탄생물을 붓고 밥을 고슬고슬하게 지었다. 탄생물을 부어 지은 밥은 검은 밥알로 완성되었다. 완성된 밥 위에 하얀 질금 물을 붓고 고루고루 섞어 보온솥에 넣고 60° 정도의 온도를 맞추어 두었다. 기다림의 시간은 물질을 또 다른 물질로 변화시킬 것이다. 변화를 위한 기다림은 물질의 탄생을 위한 반드시 필요한 시간들이다.

기다림 3

다시 예닐곱 시간을 기다려야 한다. 새로운 변화를 위한 기다림이다. 삶도 때로는 끝없는 기다림이다. 신선한 자기변화, 창조를 위한 주어진 역할 수행에 따른 기다림일 것이라는 생각이 든다.

삭혀진 재료들을 다시 채반에서 밭쳐 찌꺼기를 걸러내고 꾹꾹 눌려서 진액까지 받았다. …섞이고 섞여도 결국에는 물이 되는 구나 싶다. 물, 나도 물이 되고 싶다. 내 안에 파고들어 남아 있는 이물질들은 무엇일까. 얼마나 나를 삭히고 삭혀야 나와 하나가 된 물이 될 수 있을까. 이왕이면 어린 시절 집에 있던 마르지 않고 넘쳐흘렀던 옹달샘의 맑은 물이 되고 싶다.

기다림 4

인내의 체험이다. 받아진 물질을 가마솥에 부었다. 지금부터는 사람의 손길이 집중적으로 필요하다. 인내를 체험하는 시간이기도 하다. 내가 만든 제품을 누군가 먹고 건강을 찾아 열정이 내부로부터 깨어 나올 수 있기를 바라는 기원을 담아 잘 저어야 한다.

머리에 수건을 동여매고 목에는 땀받이 흰 가제수건을 감았다. 앞치마를 입고 장갑을 끼고 마스크로 입을 가렸다. 완전무장을 한 것이다. 이물질이 절대로 가마솥 안에 들어가면 안 된다. 이제는 찌꺼기를 따로 분리할 수도 없다. 가마솥 옆에 나무의자를 놓고 신문지를 의자 위에 깔고 높다랗게 앉았다. 지금부터 나는 5~6시간을 내용물이 눌지 않도록 가마솥 바닥에 나무주걱이 닿도록 둥글게 혼신을 다해 저어야 한다.

장작불이 심장의 뜨거운 핏빛 같다. 한 시간 두 시간…, 불이 꺼지지 않게 책임을 맡은 어르신은 연속하여 장작을 아궁이에 넣어 불을 때고 있었고, 나는 솥 안을 쉼 없이 저었다. 어르신의 얼굴이 불꽃의 열정으로 붉게 달아올랐다. 이마에도 송송 땀방울이 맺히고 몸에도 땀이 흐르고 있다.

"힘드시죠."

"뭐가!"

"맞추어 불 때기…."

"힘들긴 뜸질하고 있지, 저번에 몸살이 났을 때 불을 때면서 훈훈하게 땀을 흘렸더니 몸이 가뿐하게 다 나았다 아니가."

일을 노동으로 생각하지 않으면 즐겁다. 칠순 중반을 넘긴 어르신은 선이 선명한 입술로 웃었다. 치열이 가지런하고 하얗다. 코는 복이 들었다. 콧볼이 도톰하고 오뚝한 선이 부드럽고 아름답다. 불빛을 받은 하얀 피부가 생기로 넘친다. 젊었을 때 예쁘다고 했죠, 물었더니 아니 우리 언니가 더 예뻐 한다. 어르신의 겸손이 몸에 익어있다. 그래서 일찍 갔는지….

어르신은 식민지 시대의 고통과 일본으로부터 돌아와서 전쟁을 겪었던 이야기를 이어서 했다. 부모와 형제를 잃어버리고 고생했던 이야기를 할 때는 눈물이 어렸다. 그리고 자신의 앞에서 적의 폭탄에 무너진 건물에서 오빠가 죽어가던 이야기, 형제 이야기, 어린 시절 이야기, 육이오 피난 시절 이야기가 불꽃과 함께 자글자글 타고 있다.

손끝이 무디어졌다. 팔이 잘 움직여지지 않는다. 나무주걱이 짧아서 검지와 중지를 많이 사용했더니 두 손가락이 얼얼하다. 결국엔 감각이 없어졌다. 같은 동작을 반복해야 했기 때문이다. 할 수 없이 손바닥과 온몸을 나무주걱에 실었다. 온몸으로 솥 안의 물질을 젓기 시작한다. 물질은 끝없이 수증기를 발산해 솥 안의 물질이 보이지 않는다. 오감으로 젓기 시작한다. 적막과 고요 속으로 들어갔다. 작은 감각 하나도 놓칠 수 없다.

올라온 수증기가 얼굴과 피부를 다독이고 있다. 피부 마사지다. 이 작업이 끝나면 나도 좀 예뻐질까. 변화가 일어날 것 같다. 마치 조개가 자기 살을 아프게 했던 모래를 진액으로 감싸 안아 자기 살의 일부가 되는 과정과 같은 것이다. 영롱함, 진주의 탄생을 위한 조개의 아픈 노력처럼 나도 땀을 흘렸다.

자연의 선물

제품이 완성되었다. 산고를 치르고 낳은 자식 같다. 적갈색의 액체에 윤기가 흐른다. 먹기 좋은 시럽 형태다. 어머니가 어린 시절부터 유달리 기관지 관련 질병인 천식, 폐렴, 목감기를 달고 있는 나를 위해 만들어 먹였던 식품이다. 몇 해 전 어머니의 제조방법을 눈여겨 보아둔 덕분에 똑같은 전통방식으로 만들어 소중한 지인들에게 선물했었다.

겨울 내내 폐렴을 달고 살던 돌쟁이의 폐렴이 사라졌고, 목이 부드러워 졌고, 천식, 마른기침이 잦아들고 겨울철 목감기가 스쳐 지났다고 한다. 몇 차례 다시 만들어 주기를 원했지만 만들지 못하고 있었다. 올해 돌을 지난 아기가 콧물을 줄줄 흘리며 천식과 폐렴으로 잦은 입원과 퇴원을 하면서 숨소리가 고르지 못했다. 폐에서 그렁그렁 소리가 났다. 안타까웠다. 다시 제품을 만들게 되었던 일이 동기가 되어 서너 차례 더 만들고 있다.

완성된 제품을 맑은 유리용기에 담았다. 용기의 바깥까지 윤이 나게 닦고 닦았다. 용기의 뚜껑에 제조 년 · 월 · 일을 적었다. 제품의 이름은 '자연의 선물' 입니다. 폐 기능 보강식품이며 재료는 도라지, 수세미, 배, 대추 등 내 노하우를 적고, 반드시 냉장보관 하셔야 합니다 라고 꽃그림이 그려진 카드를 담았다. 내가 받았을 때의 느낌과 마음도 함께 담았다. 연분홍의 한지로 겹겹이 감싸고 한지 끈으로 묶었다. 끝에 작은 연분홍 리본도 달았다. 앙증맞다.

아이가 어렸을 때 곱게 빗어 내린 머리카락을 묶고 달아 주었던 리본 같은 것이다. 나는 유난히도 색체가 강하지 않은 연분홍과 연노랑 색상을 좋아했다. 아이도 제품도 세상에서 하나뿐인 명품이 된다. 사람들이 적지 않은 값을 치르고 구매하는 명품도 처음에는 작은 가게에서 수작업으로 세상에서 하나뿐인 제품을 만들었던 것이다. 그 제품들이 명맥을 그대로 수십 년 이어온 제품을 우리는 명품이라고 한다. 내가 만든 제품도 명품이 될 수 있을 것 같다.

또다시 기다림의 시간이다. 제품을 드릴 분을 찾는다. 그분이 내게로 와서 귀한 분이 된다. 귀한 분이 들고 가실 수 있도록 '♡' 모양이 새겨진 봉투에 명품을 담아 두었다. 연분홍 바탕의 봉투에 군데군데 뿌려 놓은 하얀 무늬가 눈송이 같다.

창밖에 첫눈이 내린다. 펑펑 내린다. 창문을 열고 손을 내밀었다. 손바닥 위로 뽀송뽀송한 눈이 사뿐히 내려앉는다. 엄지손가락으로 눈을 문질러 본다. 감각이 살아난다. 시린 기운이 손가락 끝에서 찌릿한 전율이 내 안으로 전해진다. 눈은 금세 쌓인다. 강렬한 빛에 눈이 부신다. 자연의 선물이다.

박

차량이 움직일 때마다 트렁크 안에서 덜거덩덜거덩 박들이 굴러다닌다. 박은 이엉이 엮어진 폭신한 초가지붕 위에 있어야 평화롭게 보이는데, 쇠붙이 속에서 전쟁이 난 것처럼 밀리고 부딪치면서 존재를 알린다.

업무를 마치고 문을 나서려는데 아참 잠깐만요, 드릴 것이 있습니다. 매우 좋아하실 겁니다. 옆문으로 들어갔던 지인이 푸르스름한 두 개의 박을 가슴에 안겨준다. 보름달 같은 박을 품에 안았다. 충만하다. 박나물을 만들어 먹고, 바가지도 만들고 싶다. 언젠가 박을 구해다 바가지를 한 번 만들어 사용하고 싶었다. 좋은 선물에 몸과 마음이 덩달아 행복하다.

지인은 공무원의 속박에서 벗어나 자유인이 됐다. 자유인이 되고 자기의 개인 업무를 시작하면서 농사일도 함께 시작했다. 오전의 업무가 끝나면 오후에는 어김없이 밭으로 나가 농사를 지었다. 감자를 나누어 주기도 하고, 직접 담근 빨간 고추장을 유리그릇에 담아주기도 하고, 보랏빛 양파, 상추, 케일… 등을 박스에 담아 먼 길을 달려와 내 집에 내려놓고 간다. 오늘은 두 개의 박을 나누어 준다.

행사용 그릇을 닦기 위해서 봉사자들이 모였다. 오랜 시간 함께 해온 분들이다. 뭔가 드릴 것이 없나 생각해 본다. 차 안에 있는 박이 생각났다. 좀체 나는 물건들을 받아오지 않는다. 받는다고 해도 또다시 필요한 봉사자들에게 나누어 주고 오는 것이 일과였다. 그리고 받은 사실을 잊어버렸다. 이런 내 습관들이 때론 오해가 되기도 했다.

희가 차에서 박을 들고 왔다. 며칠 동안 차에 싣고 다닌 것은 아닙니까, 물었고 나는 절대로 아니라고 어제 받았다고 대답했다. 희가 말했다. 자 오늘 우리 박을 탑시다. 흥부가 쓱싹쓱싹 톱질을 했던 박을 탑시다.

"애야, 마당쇠야. 톱 가지고 오너라."

혹시 압니까. 금은보화가 펑펑 쏟아져 나올지! 정말 박 속에서 흥부전에서 나오는 금은보화가 나왔을까요?

박을 토막 내어 봉사자들에게 일부 나누어 주었다. 남은 박속은 나물로 해 점심반찬을 했다. 박 껍질은 바가지를 만들 수 있게 다듬으라 했다. 우리 집 쌀통 안에 있는 이십 년을 넘게 사랑받고 있는 바가지가 생각나서였다. 그 박 바가지는 어머니가 사용하시던 것이다.

희와 내가 일을 마무리하는 동안 주방에서 어르신들이 박을 손질하고 있었다. 일이 마무리될 즈음 나는 희에게 박은 어떻게 손질되었는지 물었고, 희는 박 껍질을 바가지로 만들 수 없고, 박속은 상해서 모두 버렸다고 한다. 나는 놀라 희에게 버려진 박 조각들을 찾아오라고 했다. 희가 찾아온 박 조각들을 다시 다듬었다.

박은 여인 같다. 단단한 껍질을 벗겨내자 속이 하얗다. 여인의 하얀 속살을 비유할 때 박속같다는 표현이 맞다. 하얀 속살은 매끄럽고 보드랍다. 손끝에 닿는 부드러움, 폭신폭신함, 씨앗들이 길고 가지런하게 하얀 속살에 포근히 묻혀 있다. 박속은 만질수록 부드럽고 촉촉해졌다. 물이 질펀하게 흘렀다. 얼마나 많은 양의 수분을 보이지 않게 가두어 두었는지, 손으로 꼭 짜면 물이 흘렀다. 박속은 만질수록 질겨졌다. 손가락 끝으로 긁어내려 해도 긁어지지 않을 만큼 질겼다.

박의 속성을 알지 못했던 어르신들이 딱딱한 껍질을 깎아 내기 위해 박의 속살을 더운 손으로 만지작거리면서 물컹물컹 해지자, 변질된 것으로 오인하여 버린 것이었다.

어릴 때 어머니는 박속을 숟가락으로 떠서 나물을 만들어 먹었다. 나는 박을 잘게 토막을 내고 되도록이면 딱딱한 껍질을 잡고 속을 손질했다. 송송 썰어진 박속에 힘줄처럼 뻗쳐 있는 초록색 선이 예쁘다. 비닐 팩에 조금씩 나누어 담았다.

희는 연습 삼아 한 번도 해보지 않은 박나물을 조금 해보자고 한다. 주방으로 갔던 희가 달려왔다. 맛있어요. 정말 맛있어요. 봉지에 나누어 담긴 박속을 가리키며 나도 한 봉지 가지고 갈래요, 하마터면 모두 버릴 뻔 했다고 한다.

희가 박나물을 볶았다. 땡초를 넣고 끓인 된장국과 함께 점심반찬으로 먹었다. 박과 물이 반반이 되었다. 나는 희에게 나물을 어떻게 볶았니 물었다. 참기름 약간 두르고, 소금, 깨소금을 넣고 불을 가했다. 물을 붓지 않았어도 자연스레 생긴 물이다. 숟가락으로 박 나물 국물을 국처럼 떠먹었다. 국물 맛은 시큼 쌉쌀한 맛이었다. 불이 가해진 박속이 한층 부드러워졌다. 쫄깃쫄깃해진 식감이 뛰어나 씹을 때마다 아삭아삭 소리가 났다. 그 느낌은 어디에도 비유할 수 없는 맛이다.

박은 초가지붕 위에 있을 때 가장 아름답다. 마음 안에 박 넝쿨을 올린다. 초가지붕 위로 올라가 열려 있는 박에 새끼줄 방석을 깔았다. 햇살과 동화된 박을 나는 수시로 바라본다. 평화롭다.

평화로운 탄생

간절한 기다림이 있었다. 새로운 생명이 탄생한다는 것은 경이롭고 희망찬 기쁨이다.

아기들은 자신들의 의사와는 상관없이 생명 하나를 부여받게 된다. 생명을 부여해 준 부모 또한 아기가 새 생명을 긍정할 수 있도록 태교와 갖가지 방법들을 동원해서 조신하게 생명을 맞을 준비를 한다. 여기에 평화로운 탄생 프레드릭 르봐이예 『평화로운 탄생』을 읽으면서 '르봐이예 분만법'에 대한 것을 접하고 감회가 새로웠다.

태어난다는 것은 행복한 잠에서 깨어나는 것이다. 암흑에 가까운 고요한 태내에 머물던 태아에게는 분만실의 강렬한 빛과 소리, 폐로 들어가는 첫 공기의 뜨거운 감각이 놀라움이자 공포이기 때문이다. 그런데도 우리는 아가의 첫울음을 기쁨으로 해석한다. 르봐이에 박사는 이 완벽한 오해를 바로잡기 위해 '아기가 편안한 탄생' 아기가 주체가 되는 인권분만을 이야기한다.

아기는 태어나자마자 엄청나게 크게 운다. 그리고 이상하게도 그 사실이 모든 사람을 기쁘게 한다. '르봐이에 분만법' 에서는 아기의 울음소리를 단지 반사작용 부분이 아니라 고통에 대한 표현으로 보았다. 또한 받아들이는 우리는 우렁찬 울음소리로 새로운 생명 하나 강건하게 태어났음을 인식하게 된다. 그러나 아기는 태어나는 순간의 고통을 호소하고 있다고 말한다.

애처로운 이마, 큰소리로 우는 입, 꼭 감은 두 눈, 찡그린 눈썹, 절망적으로 발버둥 치는 손, 계속 발길질하는 발, 다리는 부드러운 배를 보호하기 위해 구부리고 있고 살은 온통 경련과 충격뿐이라 본다.

산모 또한 심한 고통, 출산 시 무엇이 산모를 아프게 하는지 관심을 가질 때에 우리는 비로소 그녀의 공포를 볼 수 있다. 그녀가 절박하게 싸우는 영원히 끝날 것 같지 않은 고통의 수렁 속으로 빠져드는 듯. 공포를 포함한 더 심한 고통을 경험한다. 그러나 자연의 조화는 기이하다. 그러한 고통 속에서도 순간순간 고통을 잊게 하는 찰나적 잠에 빠져들게 한다.

자궁 속 아기의 삶은 2막으로 이루어진 연극 같다. 겨울과 여름

만큼이나 서로 다른 두 계절처럼 초기는 황금기다. 자그마한 배아가 자라고 자라서 어느 날 태아가 된다. 식물에서 동물로 가는 시기다. 스스로 움직일 줄 알아 나무 밑동에서 밖으로 뻗어 나간다. 작은 나무같던 생명은 가지를 움직이는 법을 배워 자신의 수족을 가지고 노는 태아가 된다. 하늘이 준 자유 이것이 황금기다. 존재의 무게가 깃털같이 가볍고, 속박과 걱정 없는 시기다. 물(양수)에 의해 떠다니며 놀고 장난치고 깡충깡충 뛰어논다. 새처럼 가볍게 물고기처럼 민첩하다.

봄은 겨울이 되는 원리이다. 한때 아이가 기쁨으로 자유롭게 뛰놀던 곳을 그늘지고 슬픔 가득한 곳으로 바꾸는 것이 바로 피할 수 없는 법이다. 태아는 매우 빠르게 자라기 때문에 어느 날 딱딱한 물질(자궁벽)에 닿게 되고 자신의 왕국에 울타리가 있음을 처음으로 깨닫게 된다. 태아는 계속해서 자라나 주위 공간이 점점 비좁아진다. 절대 군주였던 자가 이젠 법에 휘둘러야 한다. 그러나 어느 날 갑자기 이 모든 모욕이 보상 받는다. 놀랍게도 속박이 포용으로 변모한다. 벽들은 갑자기 살아나고 족쇄는 애무가 된다. 이게 대체 어떻게 된 거야? 공포가 기쁨으로 변한다. 처음으로 그를 전율시켰던 바로 그 감정들이 드러나기 시작한다. 기쁨에 떨면서 등을 둥글게 구부리고 머리를 수그리고 기다린다. 이번엔 공포 대신 기대감과 호기심에 차서….

수축 산달의 자궁이 탄생의 임무를 준비하고 있다. 아기는 저항한다. 떠나지 않으려고 가지 않으려고 뛰어내리지 않으려고…, 하지만 소용없다. 등이 뻣뻣해지고 머리는 어깨 쪽으로 구부리고 심장은 부서질 것처럼 세차게 뛴다. 아기에게는 공포뿐이다. 포도주 기계가 포도를 짜듯 사방에서 조여 오고 감옥은 통로 형태로 변한다. 깔때기처럼…, 이때쯤 모든 것이 혼돈으로 들어간다. 벽의 속박이 풀리고 감옥이 무너진다. 無!

태어났다. 그리고 주위는 텅 비어 버렸다. 자유, 참을 수 없는 자유. 이전에 모든 것이 나를 짓누르고 죽이려 했지. 그렇지만 마침내 형태를 가지게 되었다! 그 아기를 진정시키기 위해 우리는 작은 몸을 감싸 안아 텅 빈 공간으로부터 꺼내줘야 한다. 미처 즐겨보지 못해서 한 번에 급작스럽게 와서 예상도 못한 자유로부터 구해 주어야 한다. 마찬가지로 공기압으로부터도 구해 주어야 한다. 표면에 급작스럽게 도달해버린 수중다이버 같을 테니까.

예전에는 출산 직후 아기의 작은 몸을 추스르기보다 발을 잡아 허공에 쳐들고 공간 속에 흔들리게 한다. 이 대참사로 어리둥절한 머리를 이리저리 흔들리게 놔둔다. 아기로 하여금 모든 것이 빙빙 돌고 있다고 우주는 단지 참을 수 없는 현기증을 주는 곳이라고 느끼게 하고 있다.

그러나 르봐이예 분만은 아기를 우물에서 끌어올리듯이 두 팔

밑에 손을 넣어 당겨 곧바로 엄마 배 위로 올려준다. 엄마의 호흡에 따라 아래위로 움직이고 몸의 따뜻함이 신생아를 맞아주는 가장 완벽한 장소 그리고 마지막 이유다. 그것은 가장 중요한데 엄마와 가까이 있음으로 해서 아직 탯줄이 유지될 수 있다. 아기가 엄마 자궁 속에서 나온 순간 탯줄을 자르는 것은 극도로 잔인한 일이다. 그렇지만 탯줄을 잠시 그대로 두는 것만으로도 탄생의 경험 전체가 바뀐다. 아기에게 준비할 시간을 주는 것이다. '탯줄은 3개의 관(정맥1 동맥2개)이 하나로 혈액은 허파에서 공기를 만나지 않고 태반에서 엄마의 혈맥과 만나서 깨끗해진다. 그 혈맥은 엄마의 허파로 가니까 다시 깨끗해진다.' 아기에게 준비할 시간을 주는 것이다.

티브이 뉴스에서는 태어나 사망한 아기를 엄마의 배 위에서 두 시간 있게 했더니 죽은 생명이 소생했다는 사례도 있었다. 아기에게 차근차근하게 그때의 느낌을 충실하게 보는 법부터 시작해야 한다. 연인들이 그러하듯, 불빛을 낮춘다. 누가 내리 꽂히는 조명 아래서 사랑을 나누는가. 그러니 의사를 위한 최소한의 조명만 남기면 가령 촛불 정도만으로도 얼마나 평화롭고 차분한지, 엄마 배 속만큼의 고요함과 함께 탄생은 얼마나 교묘하고도 축복된 일이 될 수 있는지…, 탯줄을 그대로 두어 엄마와 경계선을 함께 넘는다는 믿음을 주고 부드럽게 거대한 세상으로 맞아들임으로써 걸음마를 배울 때 지켜보듯, 바로 그렇게 엄마는 아기에게 도움의 손길을 주며 거기 있을 것이다. 아기가 언제라도 엄마를 붙잡고 조심스런 발걸음을 내딛을 수 있도록 아기가 스스로 힘을 믿기 시작하자마자 손을 빼내는 것은 잔인하다. 제발 아기를 내버려두자. 아기가 원치 않으면 억지로 떠밀지 말고 아기가 '이때다' 하고 여길 때까지 기다려주자.

비행을 배우는 새를 본 적이 있는가. 아기 새는 여전히 걸어 다니며 무겁고 서툴게 날갯짓을 하지만 일순간 날아오른다. 우아하게, 아름답게, 자유롭게, 하늘의 자녀였다가 대지의 자녀였다가 다시 하늘의 자녀로 거듭난다. 왕국이 바뀌는 그 찰나를 알 수 있을까. 너무 미묘해서 눈으로는 도저히 알아챌 수 없다. 그렇게 섬세하게 들어오듯 혹은 찰나로 떠나가듯 태어나고 죽는다. 소중한 움직임은 어떠한가. 인지되지 않게 막아볼 수 없이 차올랐다가 빠져나간다. 그 교대의 순간이 언제일까. 바다의 숨소리를 들을 만큼 예민한 귀를 가지고 있는가. 그래 이것이 탄생이다.

파도로부터 떨어져 나온 파도는 바다로부터 태어나서 결코 바다를 떠나지 않는다. 그러니 서툴게 손대지 말라. 당신은 그 신비로움을 하나도 이해할 수 없으니까. 그러나 아기는 바다로부터 나온 이 작은 물방울을 안다. 파도가 아기를 해변으로 밀면 또 다른 파도는 반대로 밀면서 더 높은 지점까지 끌고 당긴다. 다시 한 번 아기는 흐름에서 떨어져 나온다. 물에서 떨어져 나와 육지에 닿는다. 떨리고 무섭다. 그대로 두어라. 기다리기만 하자. 아기가 최초로 깨어나는 순간이다. 이것이 첫 여명이다. 그 웅장함 속에 그대로 두어라. 밤과 꿈의 왕국을 스스로 떠날 때까지 뒤흔들어 놓지 말아야 한다. 이제 그를 그 크고 웅장한 가운데 있게 하라. 어떤 일이 벌어질지 예측할 수 없기 때문에 아기를 엎드려 눕혀 팔과 다리가 스스로의 품안에 놓이도록 해주는 것이 최선이다. 이 자세가 복막이 자연스럽게 숨 쉬고 아기가 자신만의 방식과 속도로 천천히 움직일 수 있는 데 편안하다. 지금부터 아기는 호흡하고 스스로 먹고 성장해야 한다.

한낱 무기물에서 사람이 되기까지, 얼마나 길고 긴 여정이었나! 인생의 기쁨을 알아가는 과정에서 이와 똑같은 과정은 반복될 것이다. 모든 생명의 근원으로 돌아가는 것 말고는 없을 것이다. 대지 우리의 모성에게 경의를 표하며 무릎을 꿇는다. 팔을 구부려 겸손한 마음으로 절한다. 우리 이마를 땅에 대고 말하기를 당신이 더 잘 아시오니 그 지혜와 사랑으로 순종하리다. 그러면서 우리는 아직 삶의 기쁨을 맛보지 못한 태아처럼 귀중한 숨을 멈춘다. 우리를 이 세상에 보낸 이에게 우리가 빚지고 있는 모든 이들에게 생의 마지막에 돌아갈 자궁을 가진 이들에게 존경심과 감사를 표하고 일어난다.

새로운 생명의 탄생은 가슴 떨리고 경이로운 일이다. 그리고 환희이다. 3년 전 큰딸아이가 출가를 하고 임신 출산에 이르는 과정을 지켜보면서 우리 세대 분만과의 차이점을 볼 수 있었다. 산부인과에서는 그네 분만, 수중분만 등… 다양한 분만 방법을 제시하기도 하고 아기의 아빠로 하여금 탯줄을 자르게 했다. 딸아이는 정상 분만을 택했고 진통 과정을 의연하게 잘 견뎌 내면서 씩씩하게 출산을 하고 건강하고 예쁜 모습을 간직했으며, 사내아기를 우리에게 안겨주었다. 아기의 까만 눈동자가 물끄러미 우리를 응시할 때 새로운 세상에서 새 삶을 살아갈 아기에게 경이와 감격 그리고 연민으로 가슴이 뜨거웠다.

출산은 아기나 산모가 함께 죽음에 가까운 고통을 이겨내는 것이다. 탄생과 죽음의 경험을 함께 겪으면서 앞으로 살아갈 인생길의 고통을 감내할 수 있는 지혜를 그때부터 배워온 것은 아닐까 생각해 본다. 『평화로운 탄생』을 읽으면서 분만 직후 태아를 산모 가슴 위로 올려 엄마와 태아가 서로의 체온을 느끼도록 해주고 아기로 하여금 평화를 주려는 변화는 안정적이었다는 생각이 든다.

우리는 축복받을 생명을 출산하기까지 어머니는 태교와 몸가짐, 마음가짐, 안고 서고 눕고 말하고 걷고 행동하는 모든 일을 오직 태아를 위해 행했다. 그러한 일들을 산모 자신의 생명을 걸고 조신하게 준비하며, 새로운 생명이 세상을 긍정할 수 있도록 노력한다. 거룩한 생명의 탄생, 기도하는 마음으로 기다린다. 그리고 새 생명의 탄생과 탄생을 이룬 생명의 어머니들에게 감사하는 마음을 드린다.

장미

장미 한 송이가 함초롬히 비를 맞고 있다. 비가 오면 어떠냐! 내 안의 에너지로 내가 피우고자 하는 모양과 색깔로 시기에 따라 피우고 싶을 때 피우면 된다. 한 여름 태양의 열정을 닮은 뜨거운 꽃, 이맘때 꼭 한 송이만 피운다.

길을 가다가 문득 유월을 태울 듯이 흐드러지게 피어 있는 빨간 덩굴장미가 보기 좋았다. 집에서 키워 보아야겠다고 한 평 남짓한 뜰 한 쪽에 덩굴장미를 심고 계단 입구에 둥그렇게 아치형 철제를 만들고 장미 줄기를 올렸다. 철제를 의지 삼아 연둣빛의 장미 줄기에서 부드러운 잎들이 돋아나고 연약하지만 가시가 돋아나고 윤기가 흐르고 초록물감으로 채색이 되어 갔다. 초록 잎 사이사이마다 빨간 물감을 뿌려둔 듯 듬성듬성 꽃들이 피어나기 시작했다.

생명이 주는 신비에 감사하며 자주 장미 앞에서 걸음을 멈추었다. 잎사귀 사이에 피어있는 빨간 꽃향기를 맡고 꽃잎에 입맞춤을 하고 어루만지기도 하고, 피어나 주어서 고맙다고 인사도 했다.

어느 날이었다. 꽃을 어루만지기 위해 장미 줄기에 바짝 몸을 숙였는데 놀라운 것을 발견했다. 연두 색깔의 벌레가 줄기에 붙어 있었다. 장미의 줄기로 착각할 뻔했다. 벌레를 잡아냈다. 벌레가 있던 자리 옆에 또 있었다. 어떻게 된 것일까. 장미의 연두색 줄기마다 연두색 벌레가 다닥다닥 달라붙어 있었다. 생명에 붙어 같은 색깔로 기생하는 벌레를 보고 소름이 끼쳤다. 덩굴장미는 아직 자기를 보호하기 위한 방어의 가시를 강하게 세우지 못하고 있었다. 벌레를 본 이후 덩굴장미는 뜰에서 점점 사라져 갔다. 자연적인 소멸인지 이유는 지금도 알 수 없다.

사라진 덩굴장미 옆에 또 다른 장미 줄기가 뻗어 나와 있었다. 덩굴장미는 아니었다. 언제부터 있었는지 모른다. 줄기를 잘라낸 흔적이 역력하다. 뿌리 곁의 둥치가 장골의 주먹만 하다. 쥔 주먹에서 검지 하나를 쫙 편 것 같은 줄기 하나가 덩굴장미가 사라진 아치형 철제를 독차지하고 검지를 편 것 같이 타고 올라 철제 위로 초록 잎을 펼쳤다. '다가오면 찌를 테다.' 하는 듯 촘촘한 가시를 드러냈다. 섬뜩하다. 가시가 다른 식물에 지장을 줄 것 같았다. 언젠가는 내 뜰에서 걷어내야지 했는데. 차일피일 미루다 한 해

두 해가 지나갔다. 그런데 잊을 만하면 마치 '나 여기 살아 있소' 하는 것처럼 달랑 한 송이만 꽃을 피운다.

장미의 품종이 약 15,000여 종으로 무척 많다고 한다. 꽃잎이 떨어지면 노란 수술을 머금는 장미의 종류만도 40여 품종이나 된다고 한다. 특히 한 송이 빨간 장미의 꽃말은 정열, 열정, 사랑이다.

장미의 고목 같은 둥치에 손을 대자 일부가 힘없이 부서진다. 부서진 둥치에서 줄기 하나가 씩씩하게 뻗어 있다. 소름이 돋을 것 같은 가시를 송송 내보이면서 철제 위로 타고 올랐다.

철제 위의 장미 줄기가 바람에 흔들린다. 태풍 찬홈이 우리나라에 상륙한다고 한다. 창문이 흔들리고 나뭇가지와 숲 전체가 흔들린다. 나는 중심을 잡는다.

수세미

두 세장의 연둣빛 잎사귀가 검은 모종분에서 햇살을 받고 있다. 아직 냉기가 더 많이 느껴지는 봄철이다.

엄궁동 화훼 공판장 마당에는 나들이를 기다리는 유치원생 같은 모종들이 길게 줄지어 있다. 그 사이를 조심조심 다니면서 모종을 모았다. 고추, 가지, 오이 외에도 다른 모종들과는 달리 잎사귀 선이 부드럽지를 않고 까칠해 보이며 다섯 가닥으로 반듯한 각을 이루고 있는 수세미 모종 다섯 개를 골랐다.

집으로 올라오는 계단 옆 화단, 꽃나무 틈새에 심었다. 바깥뜰 채전에 심었던 모종들은 무슨 이유인지 성장을 멈추었다. 앞뜰 텃밭 꽃나무 사이를 비집고 수세미 모종 두 포기를 심었다. 처음에는 옆의 식물들의 눈치를 보느라 보드라운 새순으로 꽃나무의 잎들을 만지기도 하고, 슬쩍슬쩍 기대 보기도 하며, 다른 식물의 어깨 위에 슬그머니 걸터앉기도 했다. 나무판자로 긴 울타리를 만들고 초록색 모기장을 둘렀다.

수세미 모종을 위해 만든 것은 아니지만 줄기는 이제 눈치도 보지 않고, 옆의 식물들과 옹기종기 잘도 어울리며 순을 솔솔 올리고 있다. 뿌리는 저 혼자 흙 속에 요리조리 싱그런 물을 찾아다니고 순은 소나무 숲 사이를 비집고 찾아드는 햇살과 바람과 동무해 간다.

수세미의 성장을 보고 있으면 어린 시절 술래잡기 같다. '무궁화 꽃이 피었습니다.' 하고 돌아보면 벌써 한 발자국 다가와 있고, 좀 더 빨리 외우고 돌아봐도 또 한 발자국 다가와 있던 천연덕스런 친구들 모습처럼 넝쿨을 밀어 성큼 울타리를 오르고 있다.

도시에서 성장한 탓에 식물을 길러본 경험이 없다. 몇 년 전 이곳으로 삶의 터전을 옮겨오면서 집 안팎으로 사용할 수 있는 조그만 빈터에 처음으로 상추 씨앗을 뿌렸다. 뽀송뽀송 돋아나는 생명들이 예뻐서 아침마다 지켜보았다. 연둣빛 보드라운 잎사귀 위에 맺힌 이슬에 아침 햇살이 눈부시게 내렸다. 생명의 경이로움에 자연의 질서가 내리는 찬사였다.

이후 각종 묘목을 심기 시작했다. 맞지 않는 토양과 햇살 부족 때문에 도중에 성장을 멈춘 나무들은 가슴이 아프지만 제거했다.

그래도 가지마다 연분홍의 매화꽃, 벚꽃, 활짝 웃는 분홍빛 복숭아, 덩굴장미, 자주색 목련, 하얀 배, 감, 치자 꽃들이 다투어 피어난다. 연이어 초록의 매실과 복숭아, 배, 황금빛 감들이 조화를 이룬다. 간혹 물도 주고, 거름도 주고, 가지도 잘라주고, 제초도 해주지만 나무들에게 특별히 잘해준 일은 없다. 나무들 스스로 깊은 침묵 속에서 인내를 배우고, 햇살을 맞아들이고, 모진 태풍을 만나도 의연히 세월의 결실을 맺는다. 수세미 모종에게도 내가 한 일은 그냥 흙 속에다 묻어 준 일 뿐이다. 그리고 가끔씩 울타리에 기대어 한참 바라보는 일이다.

한 포기의 수세미 모종에서 두 가닥의 줄기가 뻗어 나왔다. 수세미는 내리는 봄비와 도란도란 속삭이고 물과 바람과 햇빛을 벗하면서 자랐다. 줄기에서 촘촘히 손 모양의 잎들이 자라나오면서 세상과 긴밀한 교신을 하고, 초록 잎사귀 겨드랑이에 꽃들이 하나 둘 노란 속내를 가만히 드러냈다. 수줍고 정숙한 웃음 같은 요란스럽지 않은 움직임이다. 보드라운 꽃잎 사이로 따가운 햇살이 파고들고 있다, 꽃의 숭고한 열정, 꽃대 밑으로 새끼손가락 같은 열매가 옹기종기 매달리기 시작했다.

수세미의 왕성한 생명력은 줄기를 멈추지 않고 계속 밀어내고 마디마다 잎을 펼치고, 꽃을 피우며, 꽃대 밑으로 초록으로 싱그러운 수세미를 일곱 개나 매달고도 모자라는지, 크고 작은 열매가 더 달려 있다.

태풍 나비가 무섭게 공격을 해왔다. 줄기에 매달린 열매들은 자일에 몸을 매달고 번지점프를 하는 것처럼 수 없이 곤두박질하고 있다. 아득한 정상으로부터 자일 하나에 몸을 의지해 번지점프를 하며, 한 발 한 발 기암괴석을 내려오며 자신들의 삶을 어떠한 어려움 속에서도 결단코 이겨 나갈 수 있음을 확인하는 듯한, 산악인들의 침착과 용맹스러움을 닮았다. 태풍을 이겨낸 용맹한 열정으로 여문 열매들이 부쩍 탐스러워졌다.

쑥쑥 뻗은 수세미를 보면서 내 집을 오가는 분들마다 한마디씩 한다. 치매와 천식을 앓고 계시는 어르신은 한사코 수세미 열매를 도라지와 꿀을 넣고 푹 끓여 드셔야 고질병인 천식이 낫는다고 거듭 부탁을 하시고, 옥자 어머니는 자신의 피부 미용에 쓰고 싶어 하신다. 지나는 분들에게 하나씩 나누어 드리고도 남는 것은 어떻게 쓰면 좋을까. 줄기를 짧게 잘라 유리병에 받은 맑은 수액을 꿀과 함께 섞어서 아흔넷 어머니의 각질이 일어나는 다리와 팔에 발라 드렸다. 누렇게 익은 수세미는 말려 아이들의 감기약으로 준비해 두었다. 촘촘히 박힌 수세미의 까만 씨앗들을 곱게 말려 두었다가 내년에 직접 심어 봐야겠다. 씨앗을 만들고 남은 그물처럼 얽힌 수세미 열매의 속살을 삶고 말려서 수세미로 사용해야겠다.

어린 시절 유난히 몸집이 작았다. 어머니와 언니가 나무를 하러 산으로 간 후, 내 몸보다 더 큰 가마솥을 씻으려 부뚜막에 올라 곤두박질할 것 같은 몸을 지탱하면서 솥 안에 한 톨의 밥알까지도 귀한 보석처럼 골라 그릇에 모아두고, 솥 바닥까지도 반질거리게 말끔히 씻어냈다. 이마에는 송송 땀방울이 맺히고 아픈 허리를 통통 두들기며, 다시 불티로 지저분하던 부뚜막을 싹싹 닦고 쓸고 청결하게 만들어 주었던 것은 수세미 열매로 만든 수세미였다.

허공을 향해 인고의 시간을 보내는 수세미 열매들이 나를 바라본다. 수세미가 나를 가르치고 있다. 부드러운 연둣빛 한 포기의 모종은 자기 생명을 다 바쳐 열매를 맺는다. 줄기를 내고, 잎사귀를 달고, 꽃을 피우고, 열매를 잉태한 후 마른 줄기까지 약용으로 되돌려 준다. 한곳에 뿌리 내린 수세미를 보면서 자신이 부끄럽다. 한곳에 안주하지 못하고 너무 바쁘게 다닌 것 같다. 남을 위한다고 하며 남을 많이 힘들게 했던 것은 아닌지 모르겠다. 헌신해 주고 있는 주변 사람들의 용기에 무엇으로 보답을 할지 고민하게 된다. 행여 바쁘게 다닌다고 정작 소중한 것은 잃어버리고 있지는 않았는지 생각해본다.

때론 우울하고 외로울 때가 있다. 힘겨워 이쯤에서 물러나 앉고 싶은 날, 세상을 향한 변명 같은 것도 하고 싶은 날, 보고 싶지 않은 현상들이 내 앞으로 다가와 투시되고 있는 날, 눈 감고 모든 것 다 잊고 싶을 때마다 가만히 식물을 바라본다.

어려운 여건 속에서도 성장을 멈추지 않고, 한곳에서 뿌리 내리는 모습이 세상을 떠난 어머니 같다는 생각이 든다. 생명의 끝자락에서 당뇨로 고생하셨다.

여든두 살로 당신의 삶을 마감하시기 일주일 전까지 황토색 지팡이를 짚고 새벽 네시면 어김없이 내 방 앞으로 걸어오셨다. 가녀린 손을 합장하고 허공을 향해 공경의 절을 하셨다.

"어머니, 뭐 하셔요?"

"응, 기도한다. 신장님에게 우리 딸 보호해 달라고."

"착하게 살아야 한데이…."

막내딸의 앞날을 위해 기도하시던 어머님의 염원이 내 안으로 날아들고 있다.

여름날의 일상

1

햇살이 숲 속으로 가득히 내리고 있습니다. 소나무 가지에 앉은 참새 두 마리가 서로의 입을 콕콕 맞대고 있습니다. 옆 뽕나무에 무리지어 있던 새들이 쪼르륵 삐쭉거리고 있습니다.

"쉿. 제발, 이들의 사랑을 아직 깨뜨리지 말아라" 새들이 무리지어 여기저기서 뾰룡뾰룡~ 찌찌직 대며 숲을 가르기 시작합니다.

뒤뜰, 평상에 앉아서 휴식을 취하던 착한 분이 계십니다. 까치 한 마리가 이상하게 놀고 있습니다. 무심히 지나칠 수 있는 상황을 집중해 보았습니다. 놀고 있는 모습이 이상합니다. "아니 까치가 이상하네, 왜 저렇게 놀고 있지?" 버둥대기도 하고, 한 쪽 날개를 파닥거리기도 하고 몸을 뱅뱅 돌리며 몸부림치고 있습니다.

위험한 지경, 위급한 상황을 구하려고 까치 친구들이 모여들어 숲 속이 소란스럽습니다. 아이들이 날리던 연이 소나무 가지에 걸려 까치의 날개 한 쪽이 실에 감겼습니다. 그제야 무심한 집 식구 한 사람이 벌써 삼일째 까치가 그러고 있었다고 합니다. 착한 분이 날개를 감고 있는 연실을 풀어내고 까치를 구출했습니다. 까치는 자기의 나래를 시험하듯 파닥거리며 날아봅니다. 까치는 곧 날갯짓을 하며 푸른 하늘을 향해 자유로이 날아갑니다. 햇살이 까치를 따라가고 있습니다.

2

육신을 다 적셔놓고도 모자라서 주변을 머물던 무더위가 위세를 더하고 있습니다. 이제 장마가 시작되려나 봅니다. 틀에 맞춰 짜여진 상반기 시간들이 힘들게 지나갔습니다. 나를 따라다니던 육신도 지쳐서 통 말을 안 듣습니다. 오늘 마지막 시험을 보았습니다. 밀렸던 피로가 한꺼번에 몰려와 몽롱합니다. 무엇부터 해야 할까. 육신은 자꾸만 휴식을 하자고 합니다.

휴대폰을 눌러 봅니다. 띠릴리…, 그래 언제 만나도 반가운 사람이랑 식사를 해야지. 똑소리 나는 야무진 친구하고 '모닝 캄' 에서 저녁식사를 하기로 했습니다. 송정바닷가의 이국적 분위기의 건물, 계단을 장식하고 있는 초록빛 생명, 수입종인 연분홍 메꽃들이 한가득 피어 회색의 낮은 분에 안겨 함초롬히 비를 맞고 있습니다. 계단을 올라서니 검은 그랜드피아노가 소리를 멎은 채 정면의 공간에 자리 잡고 있습니다.

다시 통나무계단을 하심 하듯 내려가 사방 밀폐된 공간, 등받이가 유난히 돋보이게 높은 의자에 풀석 내 몸을 숨겼습니다. 베이지색 벽면에 부착한 남색 물감의 유화가 눈앞으로 다가옵니다. 친구는 이런 분위기를 좋아하나 봅니다. 맑은 유리창 너머 내리는 빗물로 잘근잘근 은모래들을 씻어낸 호수 같은 바다를 안고 동태를 돌리는 건물들이 아직 희석하지 못한 물감으로, 수채화를 그리기 시작합니다.

장마가 시작되었나 봅니다. 물결은 비님과 함께 사랑의 밀어를 속삭이다 금세 거품을 물고 흔들립니다. 이곳을 지나던 주홍빛 기차가 소리 없이 멈춰섰다가 우리의 톡톡 튀는 언어들을 싣고 다시 출발합니다. 과학은 여름에도 공간 속에 냉방을 만들었습니다.

우리는 식사를 했습니다. 국수를 기름에 튀기고 그 위에 피자 칩을 얹었습니다. 외국 국수 볶음(스파게티)입니다. 분위기에 섞인 외국 음식은 맛있게 토종의 위 속으로 스며들었고, 우리의 눈동자도 제법 진지하게, 때론 촉촉이 분위기에 합류하고 있습니다.

돌아오는 길, 중간쯤에서 생각했습니다. 몇 갑절의 비용으로 먹어야 하는 외국 음식보다는, 우리나라 국수를 멸치 국물에 말아먹는 정갈함, 내 구미에, 향토 빛 그리움이 일어납니다. 어떤 어르신은 말씀하셨습니다. 맛으로야 충분히 우리 음식이 좋지만, 다만 우리 음식이기 때문에 환영받지 못하고 있답니다.

갑자기 복통이 일어납니다. 순수 토종인 내 위장이 반란을 일으킵니다. 숨이 막혀 오고 얼굴이 창백해지면서 머리가 터질 듯이 아파왔습니다. 손은 얼음장같이 차가워지고 도무지 견딜 수 없을 정도입니다. 도중에 택시에서 내렸습니다. 막내딸이 달려오고, 십 선혈 점에 사혈을 하고, 위 안에 있던 스파게티가 콘크리트바닥으로 쏟아져 나오고, 대장을 통해 물 같은 변들이 폭포를 이룬 듯 쏟아져 나왔습니다. 나는 힘을 잃고 지쳐만 갔습니다. 지금 내가 숨을 멈춘다면 어떨까.

'적멸 같은 진공 속 무의의 상태' 딸이 주는 따뜻한 차 한 잔으로 안정을 취하고 겨우 위를 진정시켰습니다. 위는 계속 육신과 치열하게 전쟁을 하고 대장은 그 감당으로 쉴 틈 없이 화장실을 들락날락했습니다. 퀭해진 모습, 나는 이상하게 아플 때만 예쁩니다.

낯선 이국의 여유와 밀폐된 냉방 안의 오랜 멈춤, 타인에 대한 배려에서 오는 한계를 내 육신은 감당하지를 못했습니다. 몇 번인가 돌아보며 휴식을 청하던 육신의 뜻을 거역한 탓입니다. 나는 이국의 문화와 음식을 통해 육신으로부터 합일하지 못하고 자신을 자중해야 했습니다. 세상을 살아가면서 어떤 것이 가장 잘 사는 길인지, 세상을 잘 살아가는 사람의 가치를 어디에 두어야 하는지 오늘은 모르겠습니다.

3

달포 전에 뜰 앞 작은 공간에다 모종을 심었습니다. 식물들은 좁은 공간에서도 나름의 생명력으로 초록 성장을 합니다. 가지나무에서 보라색 가지가 두어 개 열렸습니다. 오이나무에서 초록 오이가 갓난아기 고추처럼 열렸습니다. 햇살을 찾지 못해 씩씩하게 자라지를 못합니다. 고추 모종을 심어둔 밭에다 아래 동네 할머니가 완두콩을 심느라고 모종의 반을 뽑아냈습니다. 남은 모종에서 초록의 고추들이 조롱조롱 열렸습니다. 하염없이 초록의 고추를 바라보고 있습니다. 생명의 신비로움과 경이로움 그리고 고마움을 느낍니다. 오늘 아침 경남이 어머니가 앞치마가 불룩하도록 풋고추를 따왔습니다. 풋고추를 들고 누런 토종 된장에 찍어 먹는 상큼한 밥상에 입맛이 돋아납니다.

검녹색 잎사귀 위로 연보랏빛 수국이 소복이 피었습니다. 자생종 난에서도 길쭉한 꽃대에 보라빛깔의 녹두 콩알 같은 꽃들이 촘촘히 피어나 있습니다. 치자나무에서 치자 꽃이 피었습니다. 잎사귀들이 누렇게 말라가나 싶더니 소담한 치자나무 딱딱한 검녹색의 잎사귀를 비집고 여기저기 고운 리본을 달아 놓은 듯 하얀 치자 꽃이 피었습니다. 여섯 장 꽃잎이 눈꽃으로 내려와 돋보기에 투영된 눈송이 같습니다. 치자꽃잎이 지고 송골송골 열매가 많이도 열렸습니다. 감나무에서 정구공만한 초록의 감들이 주렁주렁 달렸습니다. 감나무 가지가 땅으로 처져 부러질 듯 안타깝습니다. 무엇을 피워내고 다시 결실을 담아내는 용기, 진정한 용기는 자기가 모든 세인 앞에서 할 수 있는 일을 소리 없이 아무도 보지 않는 데에서도 하는 것입니다.

4

소나무 숲 사잇길로 걸어 봅니다. 솔 향이 싱그럽습니다. 숲 속, 어디선가 매미가 '맴' 하고 짧게 신호를 보내옵니다. 앞뒤, 옆에서, '맴, 맴, 맴,' 소리들이 하나, 둘, 셋, 보태지면서 강도를 높여 갑니다. 드디어 매미 소리는 장엄한 합창을 이루어, 숲 속 세상 모두를 자기들의 소리로만 가득 채웁니다. 그리고 다시 셋, 둘, 하나로 끊어 가며 맴, 맴맴~, 마무리를 합니다. 매미들의 정열적인 소리 파장은 삼십 초 간격으로 끊어졌다 이어지기를 반복하면서 초록빛 숲 속으로 동참해 계절의 맹위를 더하게 합니다.

마당 한 편에 햇볕 가리개로 그늘을 만들었습니다. 원두막 같은 바닥에 합판을 깔고 밀쳐둔 대자리를 깔았습니다. 시원한 휴식 공간이 하나 생겼습니다. 변함없이 성실한 일꾼, 착한 분의 수고로 이루어진 공간입니다. 나는 이 공간에 앉아서 승학산 정상에서 내려오며 정화된 물에 대롱을 달고 받쳐 둔 통으로 떨어지는 물소리를 보고 듣고 있습니다. 물은 맑고 소리는 졸졸졸 청아하게 흐르며 나의 무명을 깨웁니다.

5

여름이 며칠째 본연의 모습을 과시하고 있습니다. 시느르대 숲에서 밀어를 나누던 산새 두 마리가 물가로 다가옵니다. 산새들은 꼬리로 물을 톡! 톡! 쳐 봅니다. 다시 부리로 콕! 콕! 물을 번갈아 마시며 두리번두리번 살피다 물속으로 첨벙 뛰어들었습니다. 몇 차례 물속을 뛰어들던 새들이 어설픈 날갯짓으로 시느르대 숲을 천천히 기어올라 소나무의 높다란 가지에 앉았습니다. 그리고 서로의 깃털을 쪼아 물을 털어주고 있습니다. 맑은 물이 세상의 덮개로 씌워진 먼지들을 헹구어준 것은 저 뿐만이 아니었습니다. 숲속의 새들도, 초록의 나무들도, 맑고 곱게 깨우고 있는 것을 오늘 보았습니다. 생동의 은혜로움, 생명의 거룩함, 물은 다시 일정한 소리로 졸! 졸! 졸! 흐르고 있습니다.

창살 가득히 담쟁이 넝쿨이 감아올랐습니다. 어디에 뿌리를 두었는지도 모르게 담쟁이 넝쿨은 연둣빛 새순으로 알루미늄의 창살을 감고 위로 올라왔습니다. 더 이상 오를 수 없는 넝쿨들이 창살을 붙들고 줄기를 늘어뜨리며 창문에 연두색 발을 드리웠습니다. 예술입니다. 걸음마를 시작하는 아기의 순수함이, 가슴 뭉클한 기묘한 연출입니다. 잎사귀들이 아름답게 피어납니다.

내게는 초록으로 무성한 숲이 있습니다. 숲으로 찾아드는 산새들 까치, 매미… 작은 소리들이 모여 큰 울림으로 합창을 이룹니다. 우리는 하나의 목소리로 생명을 노래하는 공동체입니다. 졸졸졸 물소리가 우리의 영혼을 맑게 깨우고 있습니다. 나는 숲을 오가며 노래하는 새들과 어우러진 나무들과 옆 개울로 흐르는 청아한 물소리와 내 작은 삶과 그리움들과 나를 알고 있는 모든 것들과 사랑을 하고 싶습니다. 그래서 지금 심한 사랑의 열병을 앓고 싶습니다. 모두를 사랑하며 함께 행복할 수 있도록 기도하겠습니다.

6

여름이 한 고비를 넘어 '휴' 숨을 고르고 있습니다. 내 방 창문과 뜰 안의 나무들 내 안을 열고 초록 숲을 바라보며 살아 숨 쉬는 모두와 일상을 얘기하고 있습니다.

'기도하라, 모든 생각 비우고 온 마음을 다해 기도하는 것이다. 기도는 겸허한 자의 몫이다. 자기를 낮출 줄 아는 자만이 엎드려 기도 할 수 있다. 때로는 절망적이고 해답의 출구가 발견되지 않을 때 홀로 외딴 방에 들어가 기도하라. 가능한 자연 속으로 떠나 그 곳에서 기도하라, 그러면 모든 풀과 나무들이 그대와 함께 할 것이다. 그 친구들이 기도 속으로 들어와 그대에게 힘을 주리라.'

아이들이 토닥거리고 있습니다. 서로의 이권 때문입니다. 서로서로 유익하다고 소리 높이고 있습니다. 그 속에서 웃음이 나기도 하고 씁쓸해지기도 합니다. 그렇지만 나는 엄마입니다. 언제까지 나는 그곳에서 아이들의 소리를 들어주어야 하는 지켜봐주어야 하는 의무가 있습니다. 언젠가는 아이들도 엄마가 될 것이기 때문입니다. 오늘은 입추입니다.

유월입니다

오월이 제자리에서 머물러 있지 말기를 바랍니다. 겸손함과 양보의 아름다운 미덕을 쌓았으면 합니다. 아마 고운 모습으로 제자리를 양보하려고 자기를 숙성시키고 있나 봅니다. 연 이틀을 토닥토닥 내리던 비가 아쉬움을 담고 오늘은 세찬 바람을 동원하고 있습니다.

비가 멈추자 찌찌지 찌찌… 뻥뻥 숲 속의 새들이 노래합니다. 푸른 하늘로 씩씩하게 비상을 합니다. 집 앞 소나무에 앉아 있던 까마귀도 숲으로 비상을 시작합니다. 까마귀라 해서 날마다 남의 집에만 알을 낳겠습니까. 자기들의 보금자리 찾아 비상을 시도해 봅니다.

유월은 모든 가능성을 배태하는 계절입니다. 국의 작가 존 스타

인벡(1902~68)은 1962년 그의 노벨문학상 수상작 『불만의 겨울』에서 유월을 이렇게 묘사했습니다. '6월을 두고' 온천지가 활력에 넘쳐 있다' 고 노래한 시인도 있습니다. 나무들의 잎은 녹색으로 여물어 가고 장미꽃은 초록의 뜰을 붉게 물들이고 있습니다.

아치형 울타리를 넘고 있던 덩굴장미 가지에서 새순이 돋아 올랐습니다. 새순은 연한 연둣빛 몸짓으로 용기있게 하늘로 향해 올라 봅니다. 희망을 마음껏 펼칠 수 있는 유월은 생동의 달입니다.

아치형 출입문을 위로 올라간 덩굴장미 가지에서 연분홍의 꽃들이 가득히 피었습니다. 사방이 장미의 정열로 뜨겁습니다. 유월은 사랑의 계절입니다. 친구가 얼마 전 사랑을 시작했습니다. 보고나도 또 보고픈 사랑의 열병으로 친구는 많이 아픕니다. 사랑은 몸을 앓게 하는 바이러스처럼 우리의 뇌신경을 마비시킵니다. 사랑의 열병을 치료하는 치료법은 더욱 사랑하는 것밖에 없습니다. 그렇지만 사랑을 극복할 수 있는 일입니다. 더욱 열심히 자기의 일을 찾아 하면 사랑으로부터 자유로워질 것입니다.

가로수들이 녹색으로 짙어지며 싱그럽게 아스팔트를 장식하고 있습니다. 자연의 은혜로움, 세상살이가 사회가 유월만큼 풍요롭고 겸허할 수 있다면 좋겠습니다.

경기 침체가 심각하다고 주위 분들에게 듣습니다. 장사도 회사도 모두 어렵다고 말들을 합니다. 이런 경제의 여파는 애완견을 키우고 있던 사람들에게도 오는가 봅니다. 사람들이 유통업체에 애완견을 버리고 갑니다. 부산지역 전체적으로 한 달에 200마리의 애완견이 버림을 받는다고 합니다. 필요에 의해서 가난한 사람들 보다 더 극진한 사랑을 받던 애완견들이 버림받아 거리를 방황하고 있다 합니다. 그 정열과 시간으로 어려운 이웃에게로 사랑을 보내면 어떨까 싶습니다.

봉사 활동 중에 분쟁이 일어났습니다. 타인을 위한 봉사는 나를 비우고 내가 가지고 있는 모든 것 나누는 것입니다. 봉사가 간혹 무엇을 원하는 행위가 된다면 불만이 생깁니다. 무연의 타인에 대한 봉사활동은 스스로 자발적으로 무보수로 지속해서 하는 것입니다. 내가 무엇을 봉사했다는 생각까지도 버려야 합니다. 다분히 봉사활동은 나눔을 실천하는 것입니다. 내가 할 수 있는 능력, 자기개발과 성장의 기회로 봉사활동을 해야 합니다.

집안 말썽꾸러기 막내가 세상을 향한 무조건적 나눔을 시작합니다. 나눔은 사람을 가리고 무엇을 얻으려는 목적을 가지면 나눔이 아닙니다. 우리 함께 하늘을 향해 큰 창을 내십시오, 파란 하늘이 웃으며 다가옵니다. 남을 향한 칭찬은 내 마음의 여유와 아름다움입니다. 그리고 보람입니다. 자신이 건강하여 누군가에게 나눌 수 있는 것이 있다면 감사함입니다. 봉사활동은 소리 없는 나눔입니다.

며칠 잠잠하던 비님이 아스팔트 위로 내리고 있습니다. 비에 젖은 가로수에 초록 물감이 짙게 퍼지고 있습니다. 초록 물감 사이로 파란 하늘이 웃으며 다가옵니다. 고통받는 이웃에게 골고루 파란 하늘의 자비가 베풀어졌으면 합니다. 상대가 나를 알아주지 않음에 서운해하지 말고 내가 상대를 알지 못함에 미안한 마음, 자신의 턱을 1㎜만 앞으로 당기면 만사형통이라 했습니다. 겸손함 감사함이 있는 유월은 아픔의 달입니다.

맑은 햇살이 내리는 오전입니다. 뜰을 지키고 있는 커다란 소나무 위에 제비부부 한 쌍이 집을 지었습니다. 둥지에다 예쁜 새끼들을 낳아 기르며 분주히 삶을 살고 있습니다. 어미 새가 먹이를 구하려 나간 사이 아기 새 한 마리가 날갯짓을 하다가 그만 뜰로 떨어지고 말았습니다. 아기 새는 안간힘을 다하여 나무에 기어오르려 하고 때마침 그 광경을 보고 있던 누런 고양이 한 마리가 아기 새에게 달려들었습니다. 그때 어디에서 날아왔는지 어미 새가 날개를 크게 펼치고 고양이를 위협했습니다. 어미 새는 창공으로 날아올랐다 다시 내려와 고양이를 위협하기를 수차례 계속했습니다. 그 사이 아기 새는 더듬더듬 소나무에 올랐으며 결국 둥지까지 올라갔습니다. 어미 새와 고양이의 쫓고 쫓기는 작전은 끝이 나고 소란스럽던 뜰은 다시 평화를 되찾았습니다. 둥지 속의 어미와 아기 새들의 이야기가 바깥으로 흘러나옵니다.

"아가야 세상은 위험 한 거야, 항상 엄마의 가르침을 따르도록 하여라." "찌찌 베베"

나는 가슴이 뭉클했습니다. 어머니는 우리 삶의 본바탕입니다. 우리를 감싸고 있는 영혼의 의식까지 어머니는 지배하고 있습니다. 어미 새의 목숨을 건 아기 새 구출작전을 보면서 모성애를 배웁니다.

어머니는 생명의 근원입니다. 그래서 어머니 된 자는 태어난 생명을 소중히 길러야 합니다. 나는 제비 가족에게 박수를 보냅니다. 유월은 내가 태어난 달입니다.

찜통더위

업무를 마치고 차에 올랐다. 낮 2시 30분이다. 연일 찜통더위가 살을 태우고 있다. 티브이 뉴스에서는 살인적인 더위라고 밭농사를 하던 어르신들이 밭고랑에서 사망하는 일들이 발생하고 인도에서는 폭염으로 1,600여 명이 사망했다고 보도한다. 햇살에 노출된 피부 곳곳에서 두드러기 같은 발진들이 듬성듬성 생겨나 가려움증을 더하고 있다.

이런 찜통더위가 시작되면 시어머님이 생각난다. 어머니는 한여름 뙤약볕 속에서도 밭농사를 지었다. 새벽에 집을 나서면 저녁이 되도록 콩밭을 맸다. 내려쬐는 유월의 햇빛이 어머니의 등에 그대로 쏟아졌을 것이다. 햇볕과 흙의 열기를 감내했을 어머니. 콩밭 매는 일을 마친 어머니께서 어쩌다 도회지의 내 집으로 잠시

다니러 오시면 계시는 동안 내내 아팠다.

어머니의 등 전체에는 콩알 같은 물집들이 송올송올 맺혀 있었다. 햇볕에 빨갛게 익은 어머니의 살갗은 화상이었다. 그때 내가 어머니의 등에 얼음찜질을 얼마나 해 드렸는지 약은 발라 드렸던지 기억이 가물거린다. 얼음찜질이라도 듬뿍 해드렸어야 했는데 … 이십대 초반의 나는 너무 어렸다.

어머니와 나는 우정을 나눈 친구 같았다. 어머니는 계시는 동안 내내 글공부를 했다. 초등학교 일 학년 책과 공책을 들고 다니셨다. 공부의 목적은 자신이 타고 다니는 버스라도 알아볼 수 있게 글자와 숫자를 익히고 싶어 하셨다. 나는 어머니에게 숫자와 한글을 가르쳐 드렸다. 아이들도 할머니에게 한글을 가르쳐 드렸다. 함께 외출을 하게 되면 버스와 간판을 보시면서 복습을 하셨다. 평생 공부하시던 어머니의 습관은 어디에서 왔을까.

결혼을 하고 어머니를 따라 외할머니 댁에 인사를 갔던 기억이 난다. 그때 나는 처음으로 열두 대문이던 아흔아홉 칸짜리 고래등 같은 기와집을 보았다. 새댁이라 집 구석구석은 볼 수 없었고 이후 가보지도 못했지만. 이집이 정승 판서가 난 집이라 했다. 그래서인지 어머니의 가족은 오빠를 포함하여 판사가 몇이나 되었다. 할머니는 아흔을 바라보는 나이에도 뽀얀 피부에 흐트러짐 하나 없이 단정했다. 할머니는 백세 넘어 장수하셨다. 어머니는 어린 시절 오빠가 말없이 공부만 하던 모습을 보면서 자랐다고 한다. '세살 버릇 여든까지 간다.' 고 했다. 어머니가 왜 글을 익히지 못했는지는 알 수 없으나 일생 동안 공부하는 습관을 놓지 않았던 것은 그때 형성되었던 것이라 짐작된다.

오늘은 마침 견우와 직녀가 일 년에 한 번 오작교에서 만난다는 칠석날이다. 견우와 직녀가 만나는 거리는 1,140만 광년이라고 한다. 인간의 거리로 환산할 수 없는, 인간이 도달할 수 없는 거리다. 그래도 견우와 직녀는 일 년에 한 번은 만날 수 있다고 하니. 나는 하늘을 향해 두 손을 모은다. 그러면 한 번쯤 어머니와 상봉할 수 있을까? 그리움이 가슴으로 와락 달려든다. 아들의 극심한 행위를 견디고 있던 나에게 어머니는 늘 미안해하셨다. "나를 봐서 참고 살아라, 나를 봐서…." 하셨다.

그렇게 이십 년을 참고 살았다. 그리고 다급한 일상의 삶에 좇기면서 단절하고 살아온 이십 수년 간의 시간이 흘렀다. 지금 돌이켜 보니 어머니의 온기가 사무치게 느껴져 가슴이 아린다.

창문을 열었다. 더운 열기가 차안으로 훅! 밀려든다. 열기에 도로가 이글이글 타고 있다. 아스팔트가 녹아 눅진눅진하다. 차량들의 꽁무니에서 배기가스와 에어컨 바람들이 쉴 새 없이 도로로 뿜어져 나온다. 달구어진 도로는 찜통이 된다. 열기에 숨이 막혀도 어머니 등에 콩알처럼 송올송올 돋아나 금방이라도 터질 것 같았던 물집보다는 덜하지 싶다.

이런 날씨에도 나는 비염 때문에 운전 중 차 안에 에어컨을 틀지 못한다. 차 안에 에어컨을 틀지 않아도 창문을 닫는 것이 더 나을 것 같다. 창문을 닫고 나니 차 안은 고요하고 견딜 만하다.

땀이 물처럼 흐른다.

가을입니다

8. 26.

조금 늦장을 부리던 딸아이와 함께 출근길에 올라봅니다.

오분 늦게 출발한 대가로 도로에서 삼십 분을 지체해야 합니다. 그래도 요즘은 경적 사용을 자제하고 각자 질서들을 잘 지키고 있습니다. 중앙로 빌딩과 빌딩 사이 도로의 차선을 따라 앞만 보고 있는 나에게 말수가 적은 딸이 말합니다.

"엄마 하늘이 높아 보이네, 맑기도 하고."

"가을 하늘이잖아."

빨간 신호등이 켜지고 하늘을 보았습니다. 온 하늘을 다 차지한 듯 마음껏 활보하고 있는 하얀 구름들, 긴 머리 단정히 쪽지어 옥색치마에 하얀 모시 저고리 곱게 차려입은 여인 같은 하늘에 평화가 흐릅니다. 하늘로 한 마리의 용이 불을 품고 승천하고 있습니다. 용은 귀를 위로 쫑긋 세우고 입을 크게 벌리고 있습니다. 벌린 용의 입에서 가득히 불을 뿜어 내고 있습니다. 갈퀴 같은 발가락을 가슴께로 바싹 붙이고 몸을 비틀면서 힘찬 승천을 하고 있습니다. 빌딩 숲, 도심의 거리에서 나는 전설 속의 용을 보고 있습니다. 내가 달려가도 멈추어도 상관하지 않습니다. 용은 자신의 몸놀림에 열중하면서 그렇게 항상 그 자리를 유지하며 살아 움직이고 있습니다. 딸아이는 그 광경을 카메라 폰에 담으며 대자연의 연출에 감격해 하고 있습니다.

하늘의 장엄한 연출과 경이로움은 길조의 상징입니다. 용의 힘찬 기운들이 내게로 다가오는 것 같은 느낌에 내 몸은 용기로 용솟음을 치고 있습니다. 오늘 하늘로 힘찬 승천을 한 용의 기운들이 우리가 살고 있는 회색의 도시 곳곳으로 내렸으면 합니다. 삶이 고단하고 어렵고 힘든 그들에게 희망의 밧줄이 되었으면 합니다.

찰나의 상황, 황금의 시간들, 그 시간대에 그 장소에서 볼 수 있었던 하늘의 연출을 오래 기억하고 싶습니다. 자신을 향해 '감사하라, 칭찬하라, 나눔의 실천으로 항상 기쁜 삶을 유지하라.' 나의 행복은 이 순간, 딸아이의 손을 잡고 해맑은 웃음으로 가슴 뭉클한 영혼을 교류하는 것이라 생각해 봅니다.

8. 28.

집에 삽살개 한 쌍이 들어왔습니다. 멸종 위기에 있는 개를 늘리기 위해 배양한 것이라고 설명했습니다. 어린생명들은 넓은 뜰을 촐랑촐랑 꼬리를 흔들며 다닙니다. 삽살개의 이름을 지었습니다. 숫놈은 승산이, 암놈은 남산이라 지었습니다. 작은 생명들을 위해 착실한 일꾼 두 분이 예쁜 집을 짓고 승산이와 남산이의 마당을 주었습니다.

내 몸은 계절의 변화를 가장 먼저 감지합니다. 비염입니다. 다른 계절에는 아무렇지도 않던 비염이 찬바람이 저 먼 곳에서 온다는 신호만 와도 맑은 콧물이 줄줄 흘러내립니다. 한동안 나의 노력으로 잠잠할 때까지 불편을 겪습니다. 신체의 조율을 잘못한 내 탓이기도 합니다.

아침 식탁 된장찌개에 쏭쏭 썰어 넣은 매운 고추 하나가 매운맛의 극치를 이룹니다. 가족들 모두가 한 숟가락의 된장찌개를 입안으로 넣고는 호호 불며 땀을 찔끔 흘립니다.

'아하 그렇구나, 가을이구나!' 하고 정신을 가다듬어봅니다. 계절이 바뀌고 있음을 모든 초록 생명들이 안으로 익어 있음을 매운 고추 하나가 알려 주었습니다. 나도 가족도 올해는 유난히 더운(우리 집은 에어컨 사용 금지구역) 여름을 폭풍우를 넘기며 무엇을 익혔는지 점검해 보는 날입니다. 내가 제일하고 싶었던 것은 주부입니다. 그러나 내 인생은 그런 기회를 좀체 주지 않습니다.

새벽에 부전시장을 다녀왔습니다. 가족을 위한 새벽 장보기가 아니고 이웃을 향한 장보기입니다. 이럴 때 나는 가족에게 미안하기도 합니다. 하늘이 땅 가까이로 내려와 있습니다. 하늘이 하늘로만 있어야 하는데 요즘은 자주 땅 가까이로 다가옵니다.

가끔씩 하늘은 제 모습을 감추고 나를 시험하고 있나봅니다. 이런 날 나는 몹시 몸이 무겁습니다. 그리고 감기 증세와 같은 비염으로 시달리기도 하고 마음 밑바닥에 있던 우울함이 자꾸 들썩거립니다. 그래서 일을 합니다.

일은 집밖으로 나가기 싫어하는 나를 바깥으로 끌어내는 방법이기도 합니다. 내 뜰에 나무도 하루를 접고 침묵에 들려합니다. 오리나무 잎은 미동을 멈추고 늘 푸른 소나무 숲으로 안겨들던 새들도 침묵에 들었습니다. 그렇지만 나는 이들을 가만히 있게 하지 못합니다. 어디서든 살랑살랑 바람을 불러와 오리나무 초록 잎들을 살랑거리게도 침묵에 들었던 새들을 불러 노래하게 합니다. 집 옆으로 흐르는 개울물 소리는 졸졸졸 고운 음률로 흐르고 학진 초등학교 아이들의 수런수런 이야기도 담장을 넘어옵니다.

우리 집 아궁이에서는 연기들이 송송 올라오고 있습니다. 조금 후 찾아뵐 어르신들의 쇠고기 국이 가마솥에서 끓고 있습니다. 뒤뚱뒤뚱 걷는 태자와 식구들 모두가 침묵에서 깨어나 분주합니다.

조금은 미안합니다. 나를 아는 모두는 게으름을 피울 수가 없습니다. 자꾸자꾸 일을 만드니까요. 잠시 후면 이들의 이마 위에 보람의 땀방울이 송올송올 맺힐 것입니다. 남을 위함은 나의 기쁨이 됩니다. 나는 이 일을 긴 시간 지속하고 있습니다.

9. 6.

학교가 개학하는 날입니다. 예쁜 모습들을 볼 수 있는 날, 가을걷이 같은 알찬 수확으로 내 곡간을 가득 채울 수 있도록 강의실을 부지런히 오갈 것입니다.

하늘에선 태양이 사랑 하나 여물어 기꺼이 햇살로 내려 주시는 동의지천 하늘빛 닮은 나무들이 아름다운 터전에 뿌리내립니다.

9. 14.

오리나무에 참새 두 마리가 번갈아 서로의 입을 콕콕 맞대고 있습니다. 옆 소나무 가지에 앉아 있던 새들이 쪼르륵쪼르륵거립니다. '쉿! 제발 이들의 사랑을 아직 깨뜨리지 마라.' 며칠 후면 팔월 한가위 우리 집도 차분히 차례 준비를 합니다. 집에서 제사를 모실 수 없는 가슴으로 키운 아이들이 찾아옵니다. 자연의 은혜로움 풍성함 이 모든 넉넉함이 어려운 이웃에게 나눌 수 있기를 염원해 봅니다. 뜰의 목련도 조금씩 황토색으로 물들기 시작했습니다.

어느 곳에서나 소홀할 수 없는 가슴을 열고 눈을 크게 뜨고 희망을 찾아 열심히 노력해야 함을 알겠습니다. 인간은 행복을 찾는 나그네라고 합니다. 그래서 외국 시인은 '산 너머에 행복이 있다고 하기에…' 하며 노래했습니다. 그러나 행복은 그 산 너머에도 또 그 너머에도 없었다고 합니다. 지금 행복은 바로 이곳에 있습니다.

오리나무의 잎사귀 위로 빗방울이 거칠게 내리고 있습니다. 바람은 밤새 창문을 흔들며 잠을 깨웠습니다. 비님 덕분에 불어난 개울물이 쏴아아 큰소리를 냅니다. 소슬한 바람, 거칠게 내린 빗방울, 잎사귀에 듬성듬성 치자빛 물이 들고 있습니다. 계절은 바람을 타고 다가오나 봅니다. 나뭇잎들이 제풀에 지쳐 오솔길로 소복히 내려왔습니다.

9. 24.

태자가 길을 쓸고 있습니다. '이것 보셔요.' 눈짓을 보내옵니다. 지적장애가 있어 언어 소통이 원활하지 않는 아이의 눈 속에 떨어진 잎사귀에 대한 연민으로 가득합니다. 왠지 마음 한곳에 구멍이 생겨나면서 자꾸 나약해지려고 합니다. 세월의 무상함 항상하지 않는 삶과 제행이 무상함을 알 것 같습니다.

자기 몫을 다한 잎들이 미련 없이 자리를 내어줍니다. 잎들은 이제 낙엽이 되어 어느 곳으로 떠돌다 다시 나무 밑에서 거름이 되고 자양분이 되어 이듬해 새잎으로 돋아날 것입니다. 뒤뚱뒤뚱 길을 쓸고 있는 태자의 하늘색 반소매, 국방색 반바지가 을씨년스런 날입니다. 올해는 유난히 더워서 추위가 온데도 춥다고 하지 않겠다던 생각들이 밀려나고 방안에는 보일러가 켜지고 한 쪽으로 가 십 년을 한결같이 내 사랑을 차지한 남색의 점퍼를 꺼냅니다.

말갛게 쓸어낸 오솔길로 잠시 걸어봅니다. 흙길 위로 시느르대 잎들이 다투어 앞을 막아섭니다. “여름동안 이만큼 자랐어.” 뽐내는 듯합니다. 오솔길이 풍요롭습니다. 갑자기 두 톨의 알밤이 오솔길로 떨어집니다. 동글동글 갈색으로 선명하게 알찬 한 톨과 벌레가 먹은 한 톨이 길 위로 떨어집니다.

나는 망설이지 않고 알밤 두 톨을 집어 들었습니다. 알밤을 양손에 올려 봅니다. 오솔길 벼랑 끝에 뿌리내리고 태양을 찾아 하늘을 향해 위로만 키가 커 있습니다. 그리고 오리나무 숲에 가리워 평소에는 밤나무가 있는지도 잊고 살고 있는 우리들에게 이맘때가 되면 어김없이 한두 톨의 알밤으로 존재를 알려줍니다. 묵묵히 다른 나무들 숲에 가려져 있다가 알밤이라는 결실로 자기가 밤나무임을 세상에 알립니다. 자기만의 정체성, 존재의 확인 무엇으로 나의 존재를 확인할 수 있을지, 행여 무심히 지나쳐 가장 소중한 것을 잊어버리고 있는 것은 없는지, 자꾸 뒤돌아봐 집니다.

두 톨의 알밤을 책장에 올려놓고 오래 보기로 합니다.

한바탕 빗줄기가 씻어낸 집이 맑고 깨끗합니다. 앞뜰의 나무들이 바람에 부딪치고 있습니다. 집 옆으로 흐르는 개울물 소리가 유난히 크게 들려옵니다. 오리나무의 잎사귀가 팔랑팔랑 바람을 부르며 제 빛을 잃고 있습니다. 집 옆으로 황토색 물감이 수런수런 번져 나가고 있습니다.

이 가을 곁에서 훌쩍 떠나간 생명들이 그립습니다.

유리고기

어부인 삼촌은 민물과 바닷물이 소용돌이로 만나는 하단 포구에서 살았다. 낮에는 바닷가에서 배의 기계를 점검하거나 선창가에서 그물을 손질했다. 삼촌은 성실한 어부였다. 저녁때에는 바다에 그물을 쳐, 새벽에는 고기를 듬뿍 담아 오곤 했다. 삼촌이 잡아온 고기는 주로 꼬시레기, 붕어, 잉어, 은어, 민물장어들이었다.

삼촌 집에 자주 들렀다. 학교에 갈 준비를 마치면 숙모는 밥에다 삼촌이 새벽에 막 잡아온 고기들을 초고추장에 나물처럼 쓱쓱 무쳐 냈다. 그 중에서 오랫동안 생각나는 것은 젓가락 반 토막 크기와 굵기의 고기였다. 유리같이 맑아 안의 뼈까지 훤히 보였고 눈은 까만 점 하나 콕 찍은 듯한 고기는 살아서 펄펄 뛰었다. 숙모는 양재기에 밥을 담고 고기를 통째로 넣고 초고추장을 듬뿍 넣어 쓱쓱 비벼 주었다. 고기는 입속에서도 살아있어 탱탱하고 오돌오돌 나는 밥과 회를 나물처럼 비벼 먹고 학교를 다녔다.

사람들은 그 물고기의 이름을 '국수'라고 불렀다. 국수의 면발같이 생겼다고 국수라 불렀는지 모른다. 그러나 나는 오히려 당면의 면발같이 느껴졌다. 사람들이 국수라고 부르던 그 물고기를 성장 이후 생선회를 접할 때마다 생각났다.

이후 민물과 바다가 만나는 지점에 하구언 다리가 생겨나고 수문이 생겼다. 더는 생명들이 민물에서 망망대해의 넓은 바다로 바다에서 생명의 환원인 민물로 자유로운 흐름의 소통은 사라졌다. 삼촌은 어부 일을 그만두고 취업을 했다. 이후 강으로 역류하던 풍요로웠던 은빛 은어와 사람들이 국수라고 부르던 무색無色의 고기를 다시는 볼 수 없었다.

얼마 전이었다. 우연히 일행과 같이 뷔페에 들렀다. 내가 제일 먼저 가는 곳이 생선회 코너이다. 어린 시절 먹던 음식들은 성장 이후에도 즐겨 먹게 되었다. 그런데 그곳에서 어린 시절 먹어 보았던 국수를 발견했다. 멍게를 다듬어 담아둔 그릇 옆에 조금 담겨져 있는 것은 분명 국수였다. 나는 순간 탄성을 지를 뻔했다. 가만히 고기를 살폈다. 검은 점하나 콕 찍은 듯, 눈이 붙어 있고 몸은 맑아 속의 가느다란 뼈가 드러나 보였다. 그때 맑은 쟁반에 담으면 유리 같은 물고기가 퉹그렁 소리를 내며 튀어 오를 것 같았던 그 고기였다. 나는 의식을 치르는 사람처럼 숨을 고르고 고기를 조금 덜어 접시에 담았다.

자리로 돌아와서 고기를 입에 넣고 오물오물 씹었다. 입안에서 탱탱하고 오돌오돌한 살아있는 생물의 느낌은 없었으나 분명 그 물고기였다. 맛을 음미한다기보다 그리움에 젖어 입에 넣고 씹어 보았다. 함께 갔던 무역업을 하는 여사장은 나를 보고 왜 그러느냐고 물었고 나는 이게 무슨 고기냐고 물었다.

그녀는 크게 웃었다. 그녀는 그 고기를 유럽이나 필리핀에서 수입해와 한국의 양어장에 납품하는 업을 주로 하고 있다고 했다. 워낙 잘 죽기 때문에 어떻게 하면 산채로 들여올까? 하는 것이 그녀가 탐구했던 부분이라 했다. 국내에서는 처음으로 살려서 들여오는데 성공했던 장본인이라고 했다. 그녀는 우리나라 하천은 이미 산업화로 환경오염이 되서 국수가 잡히지 않는다고 했다.

국수는 맑은 물에서만 서식하는 민물장어로 바다로 나갔다가 산란기에 다시 고향으로 돌아와서 새끼들을 부화한다고 했다. 아직까지도 민물장어의 치어를 인공적으로 부화하지는 못하므로 산란기에 치어들을 잡아서 양식장에서 기른다고 한다. 민물장어가 돌아와 산란을 한 그 시점, 삼촌은 새벽에 바다로 나가 무수히 많은 치어들 중에서 우리의 아침 반찬에 꼭 필요한 양만큼 그물망으로 떠왔던 것이다.

그리움이 되살아났다. 먹는 것보다 그리움을 씹었다. 이후 두어 번 더 그 뷔페를 찾았다. 국수 때문이었다. 그러다가 그곳에서도 다시 볼 수 없었다.

그녀에게 전화를 했다.

"국수 구할 수 있을까요?"

"… 뭐 하시게요!"

"예, … 이제 낙동강 물이 맑아졌어요."

"그런데요."

"치어들을 강물에 풀어주려고…."

"예예, 걱정 말아요. 구할 수 있고 말구요. 구해다 드리겠어요."

그녀의 웃음소리가 튀어 오르던 국수처럼 넘치는 활력이 되어 내게로 전달된다. 어린 생명이 제 생명을 던져 어린 생명인 나를 키워 주었다. 은혜 입은 나는 지금 다른 생명을 위해 무엇을 어떻게 도우고 있는가?

뿌린 대로 거둔다. 언젠가 나는 햇살을 품어 시리도록 눈부신 맑은 물속으로 살랑살랑 헤엄을 치며 사라져 가는 치어들을 오랫동안 지켜볼 것이다.

꼭, 살아서 돌아와.

3

오두막

숲 속에 눈 내리던 날

세상의 나무와 숲이 하얗게 변화되어 눈이 부신다. 순백의 세상이 고요하고 평온하다. 나도 고요 속에 묻힌다. 신문과 텔레비전의 혜택도 거부한 집 안에서 장거리 여행 계획을 접었다.

가벼운 마음으로 하루의 일과를 마무리할 저녁 무렵부터다. 하나둘, 눈송이가 내리기 시작했다. 오래 묵혔던 솜뭉치처럼 큼직큼직한 눈송이들이 내린다. 눈은 하얀 나비가 고운 꽃 위에 살포시 내려앉는 듯 숲 속 곳곳으로 내린다. 열심히 살고 있는 우리에게 하늘이 내리는 축복같다.

내리는 눈과 함께, 세상 소식을 가득히 안은 친구와 새 삶을 찾아 달포 전에 내 곁을 떠났던 막내딸이 온다고 한다.

인정 많고 여린 막내가 대학을 졸업하자 결혼을 해서 마음의 빈

곳을 채울 길이 없었다. 온몸에서 식은땀이 나고 단전의 힘이 모두 빠져나간 듯 허기졌다. 육신까지 아파야 하는 마음의 빈 공간을 앞서 간 어른들은 어떻게 다스렸을까.

서성이며 기다리는 사이 눈이 펑펑 내린다. 오래 잊었던 첫사랑과의 만남, 은밀한 사랑의 밀어를 위해 다 내어 준 것처럼 소곤소곤 부드럽다. 막내가 걸어올 오솔길이 대낮처럼 밝다.

밤 아홉시, 아무도 지나가지 않은 순백의 길을 막내가 걸어온다.

"엄마, … 눈에 발목까지 빠지네."

막내의 꽁꽁 언 손을 내 손으로 꼭 잡아 녹인다.

항상 함께 있어 좋은 친구와 막내딸 사이에 누워 도란도란 이야기꽃을 피웠다. 우리들의 이야기로 밤은 깊어가고 있었다. 밥은 해 먹나? 빨래와 청소는 하고 있나? 나의 물음에 시어머니가 다 해 주시던데 …. 늦잠도 마음껏 잔단다. 시댁에 미안한 생각이 들기도 한다. 시대를 초월한 막내의 이야기에 친구와 얼굴을 마주본다. 젊은 세대를 바라보려면 우리가 먼저 변화되어야 한다는 데 의견을 모았다.

눈의 무게를 이기지 못해 나무의 생가지들이 찢겨 함석지붕 위로 쿵쿵 떨어진다. 지붕을 흔드는 요란한 소리에 잠을 자는 둥 마는 둥 새날을 맞았다. 밖에는 우리 이야기보다 더 많은 일들이 이루어지고 있었다.

세상이 잠든 막내의 순결하고 뽀얀 얼굴 같다. 숲의 나무와 세상 모두 하얀 꽃이다. 바늘 같은 소나무 잎사귀에, 소담한 동백나무의 단단하던 초록의 잎사귀에, 목련 새순에, 하늘 향해 가장 진솔한 모습으로 바람을 맞고 섰던 오리나무 가지에 눈꽃이 피었다. 고루고루 나누어주는 하늘의 은혜에 우리 집도 하얀 꽃이 된다. 어느 쪽 문을 열어도 하얀 꽃이 피어 꿈이라면 깨고 싶지 않은 새벽이다.

눈이 무릎까지 쌓였다. 뜰을 지나 집으로 오르는 오솔길이 눈 속에 묻혀 흔적도 없다. 은백의 고립이다. 차라리 세상과 두절된 채 몇 날이라도 이렇게 살고 싶다.

진정한 나로 돌아가고픈 적막같은 침묵에 들고 싶다. 하지만 아침이 되면 눈길도 마다하지 않고 마을에서 산으로 등산을 하는 사람들을 위해 치워야 한다. 많은 눈을 받아 내느라 생가지가 부러져 뜰이 어지럽다. 가족들이 동원되고 아래 동네에서 부지런하고 착한 두 분이 올라오셔서 함께 눈을 치웠다.

큰 눈만 멀뚱하니 뜨고 고개를 기웃거리며 서 있는 풍산개 부성이. 처음, 집에 올 때는 뽀송뽀송한 털이 눈처럼 하얗게 눈부시더니, 온 세상이 모두 하얀 눈 속에서는 부성이의 털도 누렇게 보인다. 삽살개 승산이와 남산이가 물 젖은 붓 끝 같은 털을 하고 있다. 부산스럽게 촐랑대던 승산이와 남산이도 하얀 세상에서는 통실

한 엉덩이를 실룩거리면서 꼬리를 연신 살랑살랑 흔든다.

길옆 시느르대가 눈의 무게로 바닥에 누워 있다. 가지 위에 쌓인 눈을 털어 주었다. 눈으로 막힌 길을 쓸어내고 세상과 연결하는데 세 시간을 소요했다.

2

포근한 날씨다. 숲 속으로 빛이 내린다. 쌓인 눈에 빛이 반사되어 눈이 부시다. 우르르 쾅쾅, 쿵쿵… 벽력같은 소리가 난다. 나뭇의 가지 위에 모였던 눈들이 한꺼번에 함석지붕 위로 떨어진다. 떨어지는 무게가 돌덩이 같다. 방안에 앉아 있을 수 없어 밖으로 나와 처마 밑에 쪼그리고 앉았다. 눈뭉치가 푹푹 떨어진다. 나뭇가지가 휘도록 쌓였던 눈들이 빛에 의해 부서진다.

숲이 일제히 말문을 연다. 자신들의 이야기를 들어 달라고 다투어 말을 걸어온다. 오래 참아온 이야기들이 봇물처럼 터져 나온다. 그동안 이곳저곳으로 두발로도 모자라 네발로 바쁘게 달리고 있던 나를 붙들고 이야기를 들려준다. 느리게 살거라, 너그럽게 가볍게 살거라. 숲은 종일 나를 타이르고 있다.

다시 지붕이 요란스럽다. 반성, 참회의 소리 같다. 숲 속의 나무들이 본연의 자기로 돌아가고자 노력하고 있다.

인생은 늘 두려움이었다. 어떤 결단의 순간마다 매번 고독해야 했다. 그것은 나무들도 마찬가지인 것 같다. 본연의 자기로 돌아가고자 자기를 비워내는 아픔을 대지를 향해 쏟아내고 있다.

하늘이 맑다. 해님이 마지막 강렬한 빛을 발한다. 과중한 무게를 견디지 못하고 꺾여 있는 나뭇가지들을 빛이 어루만져 준다. 내내 아름다울 것만 같은 하얀 꽃은 방울방울 물이 되어 흐른다. 빛은 내게도 묻는다. 내려놓지 않겠니? 가벼워지지 않겠니?

하늘의 조화가 세상의 무게가 또 언제 내 어깨에도 내릴지 모르는 일이다. 숲 속을 바라보며 그동안 나 자신이 알게 모르게 쌓아 두었던 세상을 향한 온갖 연민들을 빛 속으로 날려 보낸다. 백 년 만의 대설, 숲이 종일 내게 일러 준 말들을 새긴다. 다시는 뭉치지 않겠다. 새털처럼 가벼워지겠다. 마치, 그물에 걸리지 않는 바람처럼, 단순하게 살기를 다짐한다. 숲도 나도 생가지를 찢는 아픔이 있어 성찰과 겸허를 배운다.

오두막

울창한 소나무 숲, 햇살은 나뭇가지들을 요리조리 비집고 조심스럽게 댓돌 위로 찾아든다. 산 정상으로부터 파이프 관을 타고 내려온 물이 받쳐 둔 하늘색 통 속으로 쉼 없이 떨어진다.

통을 넘은 맑은 물이 흙 속으로 스며든다. 흙 속에 뿌려두었던 씨앗들이 기웃기웃 바깥의 동정을 살핀다. 내가 잠시 한눈을 판 사이, 연둣빛 새싹들이 하늘로 쑤욱 올라가기도 하고 흙에 납작 엎드리기도 한다. 바람은 불어와 새싹들을 살랑살랑 흔들어 깨운다.

초록의 무성한 생명들이 성장한다. 때로는 오솔길, 흙길을 가리고 있는 시느르대의 잎을 팔랑팔랑 흔든다. 화난 폭풍이 되어 소나무의 가지들을 부러뜨리고, 오리나무의 황토빛 잎들이 후드득 뜰로 떨어진다. 지금 내가 살고 있는 집이다.

언제까지나 내 집이라고 생각했던 마음이 부끄럽다. 오늘부터 이 집의 이름은 오두막이다. 그리고 내 집이 아니라 우리 집이다. 함께 사는 사람들을 나는 가족이라 부르지 않겠다. 가족이라는 미명은 부담을 가중시킨다. 그냥 모두 친구들이다. 사람과 식물과 동물과 새들까지 모두 서로를 깨우는 친구들이다. 나는 친구들의 이야기를 매일 듣는다. 그리고 함께 날마다 생동으로 깨어나기를 기도한다. 내 집은 숲의 일부다. 숲 속으로 생명들이 깃든다. 언제든지 누구라도 쉬었다 가길 바란다.

비가 내린다.

함석지붕 위에 토닥토닥 내리는 빗소리를 듣고 있다, 후드득 후드득… 간간히 바람이 빗줄기를 몰아세운다. 시느르대가 떨고 있다. 바람이 떨고 있는 시느르대 이쪽저쪽을 번갈아가며 빗속으로 밀어 넣는다. 타들어가던 시느르대의 잎에서 푸시시 소리가 들린다. 내일 아침이면 좀 더 부드러워지고 좀 더 생기 넘치겠지.

문을 열었다.

흰 눈이 많이도 내렸었다. 1월에 내린 눈이 녹지도 얼지도 않고 그대로 쌓여 있다. 눈이 녹을 것을 예상하고 다니는 길만 쓸어 한쪽에 눈을 밀쳐 두더니 그대로 굳었다. 눈 무더기를 손으로 집어 들자 눈송이들이 부서져 내린다. 티브이 뉴스에서는 냉장고 안 현상이라고 한다. 냉장고 안 현상, 내 집은 지금 신선도를 유지하고 있나? 그 속에서 살고 있는 나도 신선도를 유지하려고 노력하고 있나? 얼음집을 짓고 산다는 북극의 에스키모 인들처럼….

눈을 뜰의 작은 생명들이 이불처럼 덮고 있다. 애들이 견디고 있을까. 살아 있기는 한 것일까. 연민의 마음이 구름처럼 일어난다. 눈이 녹으면 뜰에 있는 시멘트 블록을 걷어내고 흙을 채워 잔디를 심고 싶다는 생각은 아직도 유효하다.

춘란

댓돌 위에 신발을 벗다 비틀거리며 춘란 위에 자주 넘어졌더니 꽃대가 꺾인 춘란이 나처럼 시들시들하다. 눈송이 이불을 덮고도 두어 달은 견디었는데… 춘란은 꽃대를 군데군데 올리고 연두색 꽃을 쏙쏙 피워낸다. 꽃은 수줍고 정숙한 여인같다.

나는 꽃의 속내를 보려고 땅바닥에 무릎을 꿇었다. 흙에 한쪽 볼을 붙이고 세상에서 가장 낮은 자세로 꽃의 속내를 올려다본다. 세 가닥 꽃잎은 펼치고, 남은 꽃잎은 오므리고, 깊숙이… 자줏빛, 연둣빛, 속내는 가만히 숨기고 있다.

춘란이 피어나면 그 사람이 생각난다. 춘란을 들고 온 그에게 식물을 제자리에 살게 두지 왜 캐어 왔느냐고 엄하게 대했던 마음이 아프다.

내 눈치를 살피며 앞뜰에 흙을 파고 몇 포기 심어 주었다. 뜰의 춘란은 진즉에 등산객들이 모두 캐어가고 방 앞에 남아있던 춘란만이 몇 해 동안 관심 없이도 스스로 살아남아 유일한 내 친구가 되었다. 춘란에게서 겸손한 모습과 제 색을 잃지 않고 꽃을 피우는 강인한 생명력을 배운다. 아무튼 그 사람도 춘란도 고맙다.

목련

오래 망설인다. 다른 곳에 있는 목련 꽃들은 이미 꽃이 지고 잎이 피어난 지도 오래인데 유독 우리집의 목련은 더디다. 오월 중반을 넘고서야 겨우 자주 색깔의 꽃을 몇 송이 피워냈다.

웃음꽃

겨우내 눈 속에 갇혀 흔적도 없던 작약이 바깥의 동정을 살피듯, 자주 색깔의 새순을 5㎜만 올려놓고 순을 더 내밀까 말까 오래 망설인다. 내가 다른 곳에 잠시 눈을 돌린 틈에 다섯 손가락을 펼친 사람의 손바닥 같은 초록 잎을 군데군데 활짝 펼친다. 펼친 잎들 사이로 꽃대가 쑥쑥 위로 올라간다. 꽃대 끝에 꽃봉오리들이 다섯 개나 달렸다. 십 년을 넘게 뜰의 출입구를 지키는 주인공답다. 조만간 작약은 샛노란 속내까지 환하게 보여주며 연분홍의 꽃잎을 활짝 펼칠 것이다. 작약 꽃은 함박웃음 꽃이다. 내 얼굴도 꽃처럼 활짝 피어난다.

툇마루를 만들고 싶다. 내 집에 오신 분들이 잠시 툇마루에 앉아 쉬게 하고 싶다. 욕망이 불타는 길, 산, 바다를 거쳐 오는 동안 지친 이웃과 영혼, 생명 있는 모두 잠시 쉬게 하고 싶다. 세상에는 나쁜 사람이 많다. 그러나 좋은 사람이 더 많다. 긍정도 부정도 공존한다는 것을 깨닫는다.

툇마루 앞에 초록의 잔디를 키우고 싶다. 초록의 물기 머금은 생동을 보고 싶다. 잔디 어딘가에 키 작은 제비꽃이 자연스럽게 피어나면 좋겠다. 교정 한쪽 마른 잔디 위에 작은 보랏빛 꽃잎이 꽃샘바람에 바들바들 떨고 있던 모습이 안타까웠다. 가던 길을 되돌아갔다. 그만, 책갈피 속에 박재하고 말았다. 자그마한 노란 민들레를 보고 싶다. 바위 틈새에서도, 발밑에 밟혀서도, 민들레는 노랗게 꽃을 피웠다. 그리고 하얀 꽃씨들을 두둥실 날려 보낸다. 나는 날마다 민들레의 생존의 모습을 배운다.

모난 모퉁이를 다듬고 싶다. 울퉁불퉁 튀어나온 건물의 모난 모퉁이를 잘라내어 단정하게 다듬고 싶다. 지붕 위를 평평하게 고르고 그곳에 마당을 만들고 싶다. 언제라도 퍼질러 앉을 수 있게 다리를 펴도 좋고, 정좌를 해도 좋고, 하늘을 보며 누워도 좋고, 서 있어도 좋겠다. 그런 공간을 만들고 싶다. 그래서 나만의 시시각각 '1초 멈춤, 3분 침묵'을 실천하고 싶다. 1초의 멈춤, 3분의 침묵… 삶을… 살아있음을 지혜의 눈으로 긍정하고 싶다.

백의관음

집 어딘가에 하얀 백의관음을 세우고 싶다. 청룡과 황룡의 좌대가 있어도 좋고 없어도 좋다. 관음의 정수리에 황금빛 월계관을 두르고 싶다. 거룩한 그 모습을 볼 때마다 자꾸 뻣뻣해지는 내 몸과 마음을 뚜두둑 뚝뚝… 거리며 낮추고 싶다. 날마다 날마다 낮추고 싶다. 내 안의 순수한 처음 마음을 발견할 때까지.

쉼

버려진 채전에 호미질을 해 씨앗을 넣고 싶다. 상추, 오이, 가지, 고추, 방울토마토가 조롱조롱 열리는 것을 보고 싶다. 채전 사이사이, 층층이 물이 흐르게 하고 싶다. 물속에 지렁이도, 거머리도, 개미도, 벌레도 함께 살게 하고 싶다. 물속 어디쯤에 새들이 풍덩풍덩 뛰어들어 더위에 달구어진 몸을 식히게 하고 싶다. 동무까지 데리고 와서 첨벙첨벙 물을 적시고 물에 젖은 깃털을 부리로 쪼아 서로서로 털어주던 모습을 한 번 더 보고 싶다. 여름이면 나도 물속에 발 담그고 싶다.

담쟁이 넝쿨

담쟁이 넝쿨이 예전처럼 창살을 붙들고 올라왔으면 싶다. 창살을 붙들고 위로 오르던 넝쿨이 더는 오를 수 없어 다시 아래로 내려와 초록 발을 친 듯 창문을 가렸다.

바람이 불 때마다 초록 발이 일렁인다. 초록의 잎들이 창문의 맑은 유리를 모두 가렸다. 방바닥에 누워 창 너머 숲과, 나무와 하늘을 볼 수 없었다. 오르고 싶은 담쟁이 넝쿨의 끈질긴 생명력, 오르다, 오르다 더는 오를 수 없어 다시 내려와야 하는 순리를 이해하고 싶다.

동무

물이 통을 넘쳐흐른다. 물통 속으로 새 한 마리가 첨벙 날아든다. 새는 온몸에 물을 흠씬 적시고 깃털을 털며 날아오른다. 또 한 마리가 뛰어들어 온몸에 물을 흠빽 적신다. 날아갔던 새가 돌아와 물속에 뛰어든다. 서로의 깃털을 부리로 쪼아 물을 털어준다. 정다운 동무 같다.

기도

목욕 후 뒤뚱거리면서 뜰로 걸어 나오는 태자의 모습을 오래도록 보고 싶다. 진우와 건우를 기억하고 슬기를 위해 기도하고 싶다.

길을 쓸다

길을 쓸기 시작했다. 나의 길 쓸기는 어린 시절부터 어머니의 교육 방침이었다. 어머니는 새벽에 잠을 깨우고 빗자루를 들려 동네 우물을 쓸게 했다. 동네 사람들이 먹는 우물을 깨끗이 청소하게 한 것이다. 나보다 너의 삶에 기여할 수 있도록 훈육하신 어머니의 교육은 그 동네를 떠나올 때까지 계속되었다.

나는 사람들이 지나가면 숨었다가 나면 길을 쓸었다. 말을 앞세우기보다 실천을 우선시하셨던 근면한 어머니의 훈육이었다. 지금도 나는 말을 앞세우지 않고 부지런함을 유지하려고 노력한다.

길을 쓸었다. 싹싹 쓸린 흙들이 언덕 밑으로 떨어졌다. 무심히 아래를 보았다. 돌 틈에서 줄기를 내밀고 선명한 민들레꽃이 피어 있었다. 꽃 위로 흙이 뽀얗게 덮혔다. 무릎을 꿇고 손을 뻗어 민들레꽃 위의 흙을 털어냈다. 미안하다 미안해. 돌 틈에서 나왔구나. 꽃은 하얀 씨앗들로 변화되어 두둥실 어디론가 날아갔다.

시멘트 블록 길을 걷다 걸음을 멈추었다. 발밑에 노란 민들레꽃이 있었다. 갈라진 보도블록의 틈새에서 조그맣고 노란 민들레꽃이 피어났다. 민들레의 생명력을 생존을 배운다.

벼랑 끝 돌 밑에서 나왔구나.
어떻게 부지 하려느냐
프리즘 너머에 있는 그대
밝은 햇살을

푸른 하늘을
얼마나 그리움으로 살았느냐
그래도 어여쁜 얼굴 위로
날마다 지상의 바람이 불고
돌을 붙들고 한 생명 피어났구나.
하얀 민들레로.

맑은 물

산 정상에서 파이프 관을 통해 집까지 도달한 물은 맑다. 하늘색 통을 받쳐 두었다. 물이 통속으로 떨어진다. 나도 물이 되고 싶다. 맑은 물이고 싶다. 갈증을 풀어주는 물이고 싶다.

창문

얼마 전 햇빛이 들지 않던 한 자 남짓한 높은 창을 알루미늄 창문으로 낮게 만들었다. 이제 방 안에서 휴식을 취할 때도 숲을 바라볼 수 있게 되었다. 창문은 한 뼘쯤 항상 열어둔다. 숨구멍이다. 열린 창으로 바람은 수시로 드나들고 가끔씩 은구슬 같은 빗방울이 안으로 뛰어든다.

창살을 타고 담쟁이 넝쿨이 올라왔다. 맑은 유리창을 기웃거리던 새순은 수줍은 듯 모습을 숨기고, 손바닥을 펼친 것 같은 잎들이 살금살금 고개를 내민다. 끝 간데 없이 위로만 올라갔던 담쟁이 넝쿨이 더는 올라갈 수 없어서 다시 아래로 내려와 초록 발이 되어 창문 전체에 드리운다.

초록 발 뒤쪽으로 창틀 밑에서 뻗어 나온 오리나무가 멀뚱하니 둥치를 내밀고 가지를 뻗어 창문을 가린다.

가지에서 돋아난 잎들이 하늘을 품고 초록 무늬 커튼을 만들어 방안은 은밀히 보호된다. 소나무가 오리나무 둥치를 감싸 듯 가지를 내밀고 있다. 마치 아내의 등 뒤에서 두 팔을 내밀어 꼭 안고 있는 남편의 모습 같다. 그들은 미워하지도 자리를 일탈하지도 어떤 상황에도 동요하지 않는다. 마냥 서로 감싸 안고 다정한 부부처럼 뽐내며 나를 바라본다. 그 모습에 내 입가에 미소가 피어오른다.

창문 남쪽 공간을 대나무가 채워준다. 죽순을 먹을 수 있는 대나무가 아니라 대와 잎이 작아 미풍에도 흔들거리는 시느르대이다. 시느르대는 연신 서로 부딪는다. 나무들 사이사이로 회색의 하늘이 점점이 놓여 있다. 창문 안팎, 숲, 나무…, 이들은 모두 창의 가족들이다.

머리맡에 있는 신문을 펼쳐본다. 사회면에 큼지막하게 실린 '비행 청소년을 선도로' 범죄를 저지른 어린 청소년을 처벌 위주로 하던 종래의 방법에서 경찰과 사회단체 여러분들이 면밀한 실태조사와 연구를 통해 선도와 훈계로 바른 삶을 살아가게 지도를 하고 있고 앞으로도 지속적으로 해나가겠다고 한다. 사회병리를 관용과 사랑으로 보듬어 주고 바른길로 인도해 주고자 하는 것이다.

그렇다. 한 자도 되지 않는 높은 창문에 방범창살까지 겹겹이 더한 그 속에 순간의 실수를 저지른 청소년들에게 범죄자라는 꼬리

표를 붙여서 처벌하기보다 문 밖으로 나가게 하기 위한 순화와 교육과 준비를 통해 인간 본연의 모습을 찾아 줄 수 있는 통로가 만들어지면 좋겠다.

창窓은 창창한 밝은 미래다. 용기와 희망이 있는 미래, 그것은 악한 마음이 없는 빈 마음, 公 + 心 착한 마음에서 온다. 창창한 미래로 가는 길에는 門이 있다. 門을 넘어가기 위해 門 사이에 口를 넣고 싶다. 맑고 부드러운 언어로 스승들의 현명한 지혜를 불러내고 싶다. 그리고 門에다 耳를 달고 싶다. 스승들의 빛나는 언어들을 하나도 놓치지 않고 차곡차곡 내 안에 담아두고 싶다. 나날이 성실히 익힌 지식과 지혜는 창문 밖 사회라는 숲으로 나가는 알맞은 도구로 쓰고 싶다.

창문 너머 숲은 사회다. 아무도 거부하지 않고 베풀어 주고 품어 주는 거대한 사회, 그곳에는 무한한 자유가 있다. 자유에는 책임과 의무가 따른다. 자기 앞에 주어진 자유, 어떻게 사용하는가는 자기 몫이다. 각자의 몫에 따라 최선을 다한 자기 색깔로 선함의 꽃을 피우면 되고, 물이 되면 맑게 흐르면 된다. 자기의 삶에 충실한 사람만이 자신을 관리할 수 있다.

이제 일어나야겠다. 대자연의 생명체, 아름다운 사회를 만들기 위해 나도 병리사가 되어야겠다. 책임질 사람이 있고 함께할 수 있는 이웃이 내게 있다. 내가 몸담아 살고 있는 사회가 활기찬 꿈과 희망과 용기로 살아 생동하는 사회를 만드는데 내 열정과 에너지를 다할 것이다.

창문을 활짝 열어본다. 햇빛이 알루미늄 방범 창살에 반사되어 방안으로 들어온다. 창문에 반쯤 내려진 가리개를 위로 걷어올리자 빛은 더욱 깊숙이 방안으로 들어온다. 오리나무의 잎들이 바람에 팔랑팔랑거린다. 새들이 나무 사이를 가르며 깃든다.

면접시험

빗소리에 선잠을 깼다. 새벽 3시 20분이다. 매일 습관처럼 일찍 일어나지만 오늘은 특별한 날이다. 대학 2학기 수시모집 1차 합격자들에게 주어진 '면접시험' 날이다. 며칠 전 막내딸이 "공부하기 좋아하는 엄마, 계속 공부하라."며 '수험표'를 건네주었다.

밖에는 비가 내리고 있다. 뿌옇던 청솔가지 위로 겨울비가 수정처럼 맺혀 흘러내린다. 웬 겨울비가 봄처럼 소심하게 내리는지 봄이란 착각 속에 뜰에 개나리, 철쭉 철부지가 행여 철 이른 출발을 할까 걱정이다. 새로운 출발을 위해 지금은 휴식할 때다. 휴식 속에서 출발을 위한 자양분을 길러야 한다. 나는 오늘 면접시험을 위해 무엇을 준비했을까. 면접시험은 한정된 제도를 통해 다른 세계로 나아가기 위한 통관 절차며 반드시 거쳐야 하는 과정이다.

둘째 딸아이가 생각난다. 낙타가 바늘구멍 통과하기보다 어렵다는 대기업에 응시했었다. 예전 같으면 서류 심사만으로도 측정되었을 관문이 실업난이 심각해진 요즘에는 더욱 강화된 제도 속에 통과의례가 까다롭다.

1차 필기시험, 2차 필기시험과 마주앉아 상면하는 면접시험이 기다린다. 16년간의 학교 생활을 통해 지식과 인격을 갖추고 제법 의젓하고 깔끔하게 최대한 예의를 갖춘 모습으로 면접시험을 위해 집을 나선다.

삶의 한 방편을 어떤 내용의 통과의례가 기다릴지 모른 채 대열의 제도 속을 가고 있는 딸아이의 뒷모습을 보며 마음이 찡해온다. 모순된 시험에는 들지 말았으면 좋겠다. 대학을 졸업하는 젊은 자녀들이 자신의 능력을 마음껏 발휘할 수 있는 좀 더 많은 일자리를 개발하여 일하는 즐거움이 펄펄 살아 삶의 즐거움을 느끼게 해주었으면 한다.

면접과 맞선은 같은 시험에 들긴 하지만 다르다. 면접은 관문을 통과하기 위해 제도를 정해놓고 시험을 통해 관문을 통과하는 과정이고, 맞선은 일정한 눈높이의 면접이다. 상대가 상대를 시험에 들게 하지만 유형은 객관식이 아니고 주관식의 서술이다. 자기 관념에 자기 판단에 맡길 뿐이다. 지금껏 쌓아온 자기의 교양과 인격으로 서로를 면접하고 시험한다.

「법정대학 112호 면접 대기실」

면접 장소에 한 시간 먼저 도착했다. '진행 위원' 이란 명찰을 단 사람들의 움직임이 민첩하게 다가왔다. 면접이 진행되었다.

"이제 학부모님들은 학부모 대기실로 가 계십시오."

진행 위원들은 나를 바라보며 얼른 정정한다.

"만학도 · 주부 · 자영 · 중소인 · 야간반 순서로 면접이 진행되겠습니다."

외투 단추에 어젯밤 예쁜 실로 묶어놓은 수험표를 걸고 면접실 앞에 대기하고 있었기 때문이다. 대기실에서 나오던 학부모들이 나를 위에서 아래로 훑어본다. 이상하다 싶은지 가다가 뒤돌아본다. 내가 다른 학생의 자리를 더욱 좁게 하는 것은 아닌지 미안하기만 하다. 또 일하는 엄마라는 이유로 한 번도 수험장에 가주지 못했던 자녀들에게 미안했다. 옆에서 대기 중이던 내 또래의 아주머니의 손과 발이 심하게 떨리고 있다. 나도 세 번이나 일어났다 앉았다 했다. 침착해야 하는 마음이 흔들리고 있다.

인간의 육체는 마음에 좌우되고 있다. 마음은 보고, 듣고, 서고, 걷고, 기뻐하고, 굳어지고, 부드러워지고, 슬퍼하고, 무서워하고, 오만해지고, 남에게 설득되고, 사랑하고, 미워하고, 원망하고, 참고 반성한다. 가장 강한 인간은 그 마음을 조정할 수 있는 인간이다.

"들어오십시오."

면접실 안으로 들어섰다. 정면에 온화한 교수님이 앉아 계시고 양 옆으로 두 분씩 교수님들이 자리하고 계셨다.

"문제 유형을 고르십시오."

①에서 ⑤까지의 문제 유형 선택이다. 여기서도 찰나의 선택이 기다리고 있다. 나는 시험대 위에서 심사받는 학생이다. 갑자기 심사하고 계시는 교수님들의 모습이 까만 사각모를 눌러쓴 저승사자 모습 같다. 이제 홀로 당당히 내 생각을 소신껏 말해야 한다. 또 혼자 가야 할 길이므로 그렇다.

나는 ①번과 ②번 문제를 택했다. 첫 번째 문제는 정치 문제였다. 바람직한 대통령, 정치인의 상과 자질 문제였다. 나는 살아오는 동안 정치에 대해서 관심을 가지고 깊게 세부적으로 생각해본 바가 없다. 대통령은 역사의 부름이다. 긴 세월 역사 속에 남아 영원히 살아 움직일 분이 아닌가. 내가 담아내기가 민망했다.

"투철한 자기 신념과 국가관입니다."

두 번째는 부정부패와 관련한 문제였다. 성실하고 정직하게 살아가는 사람들에게 부정부패라는 용어는 가까운 단어가 아니다. 부정을 조장하는 자도 자신이라면 부패되고 폐기되어지는 것도 자신이다.

"죄송합니다. 논리적이고 전문적인 지식을 제가 잘 모릅니다."

말끝이 점차 흐려졌다.

"지식은 지금부터 배우면 됩니다."

교수님의 말씀에 금방 힘을 얻었다. 삼분의 일 정도의 흰머리카락이 훈장처럼 빛나는 내게 지원 동기에 대한 질문이다.

몇 년 전부터 시작한 봉사활동을 통해 인연을 맺은 외로운 어머님들과 불우한 이웃, 함께해 온 어르신들의 편안한 보살핌이다. 좀 더 체계적인 지식과 정보를 배우기 위해 교수님들의 지도를 받고 싶었다. 그리고 착하게 잘 자라준 자녀들의 도움이다.

둘째 딸과 막내가 이 대학 4학년과 2학년에 재학 중이다. 막내딸의 지원과 격려가 동기가 되었다. 착하게 잘 자라준 딸이 고마웠다. 경직된 마음을 풀고 여유로운 마음으로 대답했다.

"열심히 배우겠습니다."

활짝 갠 얼굴로 인사를 올리고 면접실을 나왔다. 올 때와는 다르게 발걸음이 씩씩해졌다. 밖엔 비가 그쳐 있다.

올 때 보지 못했던 학교 주변을 둘러보았다. 맑아진 푸른 하늘 아래로 시원하게 열린 도로, 대학 속의 대학 건물들, 질서 정연한 벚꽃나무… 다가올 봄, 만개를 위해 번잡한 잎사귀를 다 떨쳐내고 가장 편한 자세로 준비 중이다. 나와 내 딸들의 미래를 환하게 꽃피워 줄 배움터, 더욱 아름답게 장식해 줄 것이다.

나는 휴대폰을 꺼내 번호를 눌렀다.

"지금 면접시험 봤다."

"엄마, 꼭 합격한다. 꼭이다."

저 너머 막내딸의 목소리가 경쾌하게 울려 나온다.

오늘은 어제의 연속이 아니다. 오늘은 바로 나의 새날이다. 나는 날마다 나의 새로운 나날을 맞이해본다.

뜰에는

방문을 열고 한 오금만 밖으로 나서면 뜰이 있다. 나는 이 뜰을 정원이라 부르지 않는다. 정원은 왠지 한정된 틀에 맞추어 요소요소 깎아 맞춘 것 같아 자유가 없어 보인다.

뜰의 나무들은 자유분방하다. 나무는 각자 있고 싶은 곳에 서 있고, 돌은 구르다 제가 머무르고 싶은 곳에 머물러 있다. 그러면서도 가끔씩은 가지를 뻗어 서로 만져보기도 하고 견제해 보기도 한다.

앞의 관리자가 떠나고 새로운 관리자가 이태를 지켜보아도, 대자연의 내 뜰의 나무들은 깊은 땅속에 뿌리내리고 지층을 흐르는 싱그러운 물을 마시며 시들지 않는 푸르름으로 신록을 이룬다.

꽃들은 각각의 모양과 색깔로 자연의 순리에 따라 피고 진다. 음지에 가리어진 나무는 햇볕을 찾아 가지를 뻗으며 스스로 피고 자란다.

내 뜰은 두 해 전에 떠나신 어머님께서 가난과 빈곤, 무지와 고독 속에서 외롭게 세월의 풍랑을 견뎌내시면서 거름을 뿌리고 묵묵히 가꾸어온 뜰이다. 어머니는 뜰 안쪽에 함박꽃 뿌리 하나를 흙 속에 묻어두고 다독거렸다. 해마다 이맘때쯤 다가올 비바람에 대비하여 머금고 있는 꽃송이와 줄기에 대나무 받침목과 받침대를 세워 꽃송이를 보호했다.

올해는 봄비가 장맛비처럼 잦게 내렸다. 미처 대비도 못한 꽃송이 위로 그저께 약간의 바람을 앞세우고 세찬 비가 내렸다. 그 빗줄기에 꽃송이가 견딜 수 있을까 많은 걱정을 했는데 오늘 아침 맑게 갠 눈부신 햇살 아래에서 함박꽃 네 송이가 웃음꽃을 피우고 있다. 생명의 경이로움에 마음까지 밝아온다.

그저께 비를 견디지 못한 수선화는 줄기가 비바람에 꺾여 연한 속 줄기가 햇볕에 드러난 채 흙 위에 누워 있다. 쓰러진 수선화 줄기를 누르고 있는 돌멩이와 흙, 솔잎을 걷어내고 얇은 끈으로 가볍게 묶어주었다. 수선화가 생명력을 놓지 않고 끈기 있게 잘 견디어 내야 할 텐데… 수선화는 잘 이겨낼 수 있을 것이다. 다시 힘차게 생기를 찾아 꽃잎이 어우러진 남색의 꽃을 아름답게 피워 낼 것이다.

시멘트로 포장된 뜰 한가운데에 오동나무 한 그루가 있다. 어머님께서 씨앗을 심어 사십 년을 가꾸어온 오동나무는 한 아름이 넘었고, 우람하게 자란 둥치와 높게 뻗은 가지 위로 돋아난 넓은 잎사귀는 초록의 지붕을 이루었다. 오동나무 그늘 아래 평상은 어머님과 나의 휴식의 공간이었다. 더운 여름에는 방문객들에게 시원한 쉼터가 되어주기도 하고 가을이면 조롱조롱 열매를 달아 열매를 약으로 삼기도 했다.

그러던 어느 날부터 오동나무가 심술을 부리기 시작했다. 뿌연 솜털 같은 가루를 뿌려 집 주변을 어지럽히더니 진물 같은 붉은 진액을 수시로 뿌려 휴식 공간과 방문객에게 쉼터를 제공해 주지 않았다. 마침내 옆에 있는 나무에까지 끈적끈적한 진액을 뿌렸다. 뜰은 끈적끈적한 진액 범벅이 되어갔다.

어머니는 떠나시기 한 해 전에 오동나무를 베어버렸다. 남은 둥치에서 흰 진액이 쉼 없이 흘러내렸다. 오동나무의 고통을 보는 것 같아 마음이 쓰였다. 잘려진 뿌리는 시멘트로 덮이고 동그란 나무둥치 자국만 남았다. 뜰에서 다시는 오동나무의 모습을 볼 수 없게 되었다. 사실 오동나무는 유일한 친구였다. 모두가 잠든 뜰을 소리 없이 거닐 때면 오동나무에 기대어 보기도 하고 안아 보기도 하고 깊은 밤 함께 별을 헤이기도 했다. 나처럼 무딘 오동나무는 뜰에서는 제일 늦게 새순을 틔운다. 가을이면 무수히 흩어진 오동나무의 잎들을 쓸어내며 세월의 흐름도 실감할 수 있었다. 마지막 하나 남은 잎이 무척이나 아쉽게 떨어지면 깊은 겨울 속으로 다가와 있음을 느꼈다.

뜰의 관리자가 되고 보니 그때 좀 더 관심을 갖고 원인을 알아 치료해 주지 못했던 것이 아쉬움으로 남아 있다.

사람이나 나무나 그 자리에서 사랑받지 못할 때나 남에게 불편을 끼치면 그 자리에서 여지없이 내몰리게 된다. 나는 남의 아픔을 얼마나 헤아리며 살아왔는가? 어려운 이웃과 함께 정을 나누며 살고 싶다. 내가 있는 곳에서 착하고 선한 삶을 살고 싶은 것이다.

뜰 바깥 축대 위에는 목련이 있다. 아무렇게나 쌓아올린 축대가 조그만 호우에도 자주 무너져 내렸다. 그때마다 목련은 시련을 겪었다. 잦은 시련만큼이나 목련 둥치가 25° 쯤 땅바닥에 누워 있다. 그래도 목련은 생명력을 잃지 않았다. 드러누워 있는 목련의 둥치 위로 햇볕이 찾아들었다. 나무는 햇빛을 받아 가지를 쑥쑥 뻗어 나갔다. 추운 겨울 언 가지를 헤집고 꽃순이 돋아나고 자주색 목련꽃을 아름답게 피워낸다. 물오른 가지마다 잎들이 새록새록 돋아나고, 목련은 쑥쑥 성장한다. 목련의 왕성한 생명력에 고개가 숙여진다. 올해는 기울어져 힘들게 보이는 목련 밑에다 버팀목을 받쳐 주었다.

목련 옆 약간 안쪽에 있는 동백나무는 반반한 대지 위에 힘껏 뿌리내리고, 내 키 하고도 반은 더 넘을 높이와 우람한 넓이로 뜰을 양껏 확보한다. 그리고 아직 한기가 남아 있는 뜰에 동백나무는 기름을 바른 듯이 물오른 잎사귀마다 동백꽃을 한가득 피워낸다.

동백나무는 덩치에 비해 가지가 많이 뻗어 있다. 내년 봄에는 가지치기를 해주어야겠다. 그 외에도 뜰에는 수국, 국화, 명자, 제비꽃 땅바닥에 붙은 이름 모를 잡초, 풀숲에 숨은 민들레도 있다. 뜰의 수목들은 이렇게 각자의 위치에서 제몫을 해내며 숲으로 나갈 준비를 하고 있다.

"내가 왜 그곳에 있느냐." "네가 왜 그렇게 생겼느냐." 하지 않고 서로 있는 모습 그대로 조화를 이루어 준다. 새롭게 태어나기 위해 낙엽으로 떨어져 어디선가 뒹굴다 거름이 되고 다시 나무의 수액이 되어 잎으로 돌아 신록을 이룬다. 뜰의 주인이던 어머니도 그랬다. 관심과 배려로 검소함과 배품으로 나무들 뿐만 아니라 가난한 이웃의 거름이 되었다.

한껏 물오른 나무들이 신록으로 어우러져 평화롭다. 나도 뜰의 나무들과 한 가족이 된다. 아름답다.

글쓰기는 내 고향

말을 잘하는 재주가 없는 내가 할 수 있는 것은 글쓰기다. 글을 쓴다면 내 안에 내재된 것들이 좋은 글로 탄생될 것이라 생각하고 글을 쓰기 시작했다.

공책과 연필을 챙기고 가방을 꾸렸다. 아기가 된 어머니를 집에 두고 돌계단을 내려선다.

"어디가노?" 어머니의 물음에 "예 금방 다녀옵니다. 금방." 금방일 것 같았다. 강의실 문을 힘차게 열고 들어섰다. 선생님은 김춘수의「꽃」을 강의하고 있었다.

> … 내가 그의 이름을 불러 준 것처럼 나의 이 빛깔과 향기에 알맞은 누가 나의 이름을 불러다오. …너는 나에게 나는 너에게 잊혀지지 않는 하나의 눈짓이 되고 싶다.

시인의 말이 기억 속에 저장되었다.

글을 쓰기 시작하며 내 안의 진주를 찾으려 했다. 때마침 내 방의 창을 사방 넉자의 큰 창으로 바꾸었다. 창을 통해 내 안과 바깥의 세계가 하나가 되도록 노력했다.

뜰을 거닐면 곳곳에서 피고 지는 꽃들이 가득 안겨들었다. 그럴 즈음 만학도로 공부를 시작해도 좋다는 대학의 합격통지서가 날아왔다. 이런 모든 것이 글의 소재가 되어 수필가의 옷을 입었다. 대학 입학은 공부에만 전념해야함을 그때는 미처 깨닫지 못했다. 이후 글쓰기는 11년이나 멈추어졌다.

그리웠다. 그곳은 언제나 돌아가고픈 고향이었다. 고향인 글쓰기로 돌아가고 싶었다. 그러나 많은 일들이 막고 있었다. 혼자의 힘으로는 한순간도 생활할 수 없는 어르신들과 장애를 가진 분들이 곁에 있었다. 대 식구였다. 그들은 모두 내 도움을 필요로 했다. 업고 목욕 가고 병원 가고 시장 보고 밥하고 먹이고 뒤처리를 해야 했다.

그분이 일상생활을 하는데 꼭 필요하고 편리한 집을 짓기 시작했다. 왜 도심 속이냐? 님비 현상으로 집값 떨어진다는 민원이 난무했다. 생명의 위협과 핍박은 많은 상처를 남겼다. 자기의 이익을 위해 끈질기게 물고 늘어지며 괴롭히는 사람도 있었다.

나는 기도하며 침묵했다. 그분들의 삶의 질 향상을 위한 내 신념은 굳건했다. 그 일을 굽히지 않고 끈질기게 추진했다. 수모를 딛고 집을 짓는데 열정을 다했다. "아자, 아자, 열정적으로 행동하면 열정적인 사람이 된다. 나는 열정적이다." 자존감이 낮은 나를 위해 하는 구호는 언제나 '나는 할 수 있다' 이다. 집을 완공하고 돌보아 주실 선생님들을 모시고 그들을 모셨다. 속박에서 풀려난 해방감. 이제 글쓰기로 돌아갈 수 있을 것 같았다.

글을 쓰기 시작했다. 무수한 말들이 백지 위로 쏟아졌다. 나는 진주를 간절히 찾고 싶은데 상처를 헤집고 진주를 꺼낼 수가 없었다. 아니 꺼내는 방법을 몰랐다. 아프고 두려웠다. 진주를 찾고 있는 글 속으로 꽃들이 불쑥불쑥 들어왔다.

꽃들에게 한없이 끌려갔다. 꽃은 다양한 색깔로 피고지고를 거듭하면서 한꺼번에 글 속으로 뛰어들었다. 모두 아름다웠다. 어떤 것은 버리고 무엇은 글로 표현해야 할지 몰라 헤매었다.

만학도의 공부도 한몫을 했다. 학교를 오가는 동안 길가의 변화무쌍한 풍경들이 글 속으로 깊숙이 스며들었지만 넘어야 하는 태산 같은 논문이 막고 있었다. 수시로 일어나고 사라지는 분노와 감동의 양쪽 감정들을 절제하지 못했다. 글을 많이 쓰고 싶다는 욕심은 내 통제의 한계선을 넘고 있었다. 이처럼 번잡하고 소소한 일상들이 모두 글쓰기의 소재라는 것을 깨닫지 못했다.

글쓰기는 모방이다. 모방은 모방하려는 사람에 따라 달리 표현

될 수 있을 것이다. 고흐가 그린 해바라기 그림을 피카소가 그렸다면 달랐을 것이다. 예술가가 바라보는 세계에 따라 달리 표현되기 때문이다. 고흐가 그린 해바라기 그림이 유명한 것은 고흐가 해바라기를 그렸기 때문에 아름답게 표출되듯이 모방은 보는 사람의 시각에 따라 달리 표현될 수 있을 것이다.

다시 가방을 꾸렸다. 처음 마음이 되어 강의실 문을 살며시 열고 들어섰다. 선생님은 수필은 간결해야 합니다. 수필은 플롯이나 클라이맥스를 필요로 하지 않으며 가고 싶은 데로 가는 것이 행로이며 마치 친구에게서 받은 편지와도 같은… 그러나 반드시 절제의 힘이 필요합니다.

글을 쓰고 싶다는 간절한 생각을 버리니 비로소 마음이 여유를 찾는다. 글쓰기는 내 고향이다. 고향 같은, 자연의 질서를 맑은 눈으로 보고 담담하게 쓸 것이다. 이것은 내가 글을 쓰고자 하는 이유이고 희망이다.

공간

강이 보인다. 강물이 파랗다. 시작점도 끝점도 보이지 않는 강줄기다. 강변도로에는 차들이 분주하게 오가고 있다. 마치 혈관을 통과하는 건강한 혈액 같다.

소담한 마을의 나지막한 주택으로 햇빛이 찾아들고 있다. 방수 페인트가 칠해진 지붕들의 초록 색깔이 선명하다. 햇빛은 내 안의 생각까지도 꿰뚫을 듯 환하다.

아이가 이사를 했다. 내 곁에서 떠나간 것이다. 비는 종일 오락가락한다. 이사한 집에서 짐을 챙겨주고 아이가 살던 집에 도착한 시간은 늦은 오후였다.

"현관문에는 아기가 자고 있어요, 초인종을 누르지 마십시오."

초인종은 기능이 멈추어 있다. 오래 비워둔 집처럼.

가스 검침 다녀갑니다. 010…, 저의 휴대폰 번호입니다, 반드시 문자 보내 주십시오.
아파트 추가 대출 가능함, 당일 대출도 가능함.

현관문에 덕지덕지 붙어있는 노란색 포스트잇들을 떼어 손등에 붙이고 현관문 비밀번호 숫자를 검지로 꾹꾹 누른다. 숫자를 입력할 때마다 삐삐삐 소리가 난다. 문은 열리지 않는다. 다시 숫자를 누른다. 열리지 않는다. 먹통이다. 나는 숫자 누르는 자유를 박탈당했다. 내 집에 들어가는 것도 기계의 허락을 받아야 한다. 기계에 익숙하지 않아 딸이 몇 번이나 일러준 비밀번호를 잊어버렸다. 다시 물어볼 수도 없고 찬찬히 생각해야 한다.

울도 담도 없는 집에서 어머니와 살았다. 밤에도 방문은 잠그지 않았다. 잠그지 않은 문을 열고 고단한 이웃들이 시도 때도 없이 드나들었다. 따뜻한 구들장 아랫목에 몸을 녹이고 밥을 먹고 휴식을 취하고 헤진 상처들을 치료했다. 이웃들은 어머니와 밤을 새우며 도란도란 이야기를 나누었고 다음날 아침 모습은 밝아졌다.

어머니의 치료 방법은 온몸을 다한 희생과 헌신이었다. 어머니의 정성은 버림받아 두렵고 배고프고 병들고 소외된 이웃들을 지극한 아낌과 이해와 배려로 철저하게 그들의 입장이 되어 보듬어 주었다. 어머니는 밤낮을 가리지 않았다. 하루에도 몇 번씩 죽을 끓여 먹이고 목욕을 시키고 헤진 상처를 걷어내고 약을 발라 주셨다. 때로는 따끔한 말로 엄격한 회초리를 들기도 했다. 그러함은 나에게도 적용되었다. 금줄이 처진 콜레라 현장에서 어머니의 봉사는 나에게 살아있는 교육이 되었다.

어머니 집은 오두막이었다. 가난과 검소함과 부지런함은 어머니의 생활 방침이었다. 어머니가 입고 있는 옷은 닳아 헤어져 있었고 밥그릇은 비어있었다. 철저한 무소유였다. 어머니의 모습은 항상 평온하였고 어머니는 공간을 늘 비워 두셨다. 그래야 새로운 생명이 깃들수 있기 때문이었다. 어머니는 '한 되의 쌀이 있거든 이웃과 나눠 먹으라' 했다.

새벽이면 취학 전 막내딸인 나를 깨우고 손에 빗자루를 들려주셨다. 우리가 먹고 이웃이 먹을 우물과 길을 말끔하게 쓸게 했다. 나와 더불어 살 이웃을 위한 배려에 대한 훈육의 시작이었다. 그러던 어머니가 세상을 떠나시기 두 해 전부터 문단속을 꼭꼭 확인했다. 내가 어머니 왜 문을 잠그세요, 하고 물으면 야야, 세상이 달라지지 않았니, 하셨다.

도어록의 숫자를 천천히 꾹꾹 눌렀다. 드르륵 잠금이 풀린다. 쇠붙이 속에서 여성의 음성이 흘러나온다. 열렸습니다. 현관 안으로 발을 들여놓고 문을 닫았다. 삐리, 삐리 문이 잠기지 않는다. 다시 문을 닫았다. 내가 닫은 소리에 놀라 얼굴에 소름이 송송 돋고 온몸에 전율이 인다. 문은 서너 번의 굉음을 더 내고서야 닫혔다. 소리의 파장이 아파트를 흔든다. 수리를 하든지 교체를 하든지 해야겠다.

집은 쓰나미가 휩쓸고 간 듯하다. 아기와 아이의 필요한 짐들만 쏙 빠져나갔다. 잔해들이 25평 공간에 그득하다. 딸은 밤늦도록 짐을 꾸렸다. 내가 보기에는 아직 아기 같은데, 엄마가 된 딸이 짐들을 정리하는 모습이 대견했다. 마지막 밤을 엄마 곁에서 하며…, 곁에 잠들었던 딸의 이부자리가 그대로 거실바닥에 펼쳐져 있다. 이삿짐센터 직원들이 도착하자, 황급히 놓은 듯 숟가락 젓가락이 지그재그로 밥, 국, 김치, 위에 놓여 있다. 마음에 바람이 지나간다.

무엇부터 치워야 할까, 몸은 천 근이 된다. 순간, 내가 사용할 생활공간은 열평 남짓한 평수면 좋겠다는 생각이 든다. 너무 크면 허허롭다. 거실과 안방만 치우기로 우선순위를 정했다. 밥상 위에 먹다 남은 음식물들을 그릇의 바닥까지 박박 쓸어 비닐봉지에 담았다. 비닐의 끝을 음식물이 새어 나오지 못하게 단단히 묶었다.

밀봉한 비닐을 뒷 베란다 한쪽에 모았다. 빈 그릇들은 개수대에 담고, 신문지, 종이류 등은 빈 박스에 차곡차곡 담았다. 나머지 박스들은 발로 밟고 눌러 비닐 끈으로 꽁꽁 묶었다. 재활용하는 날 버리기 좋도록 대형박스 두 개에 나누어 담아 현관 입구에 갔다 두었다. 널부러져 있던 옷들을 비닐봉지에 담기 시작했다. 대기업에

다니는 아이의 옷들이 시장에서 구입한 오천 원, 만 원, 몇 만 원, 이상을 넘지 않는다. 한 벌쯤은 비싼 옷과 가방을 구입해 입고 들고 다닐 수도 있으련만 한결같다. 버릴까 하다가 언제 찾을지 몰라 작은방에 모아 옷 방을 만들었다.

아기가 타고 다니던 보행기, 폴리 아저씨가 타고 다니는 파란색 경찰차, 노란 초록 타요 버스, 빨간 소방차를 박스에 담았다. 사람이 일상생활을 하는데 필요한 물건이 이렇게 많아야 할까. 미련처럼 버리지 못한 물건들이 많다. 서류 뭉치들, 풀어 보지 않은 선물 꾸러미들, 헤져서 사용하지 않는 이불들을 작은방에 모아 소품 방으로 명명했다. 미처 분리하지 못한 쓰레기들은 주섬주섬 주워서 베란다에 모았다. 안팎이 절대 침범할 수 없는 별다른 영역처럼 뒤 베란다 문을 꽉 잠갔다. 쓰레기를 치울 때까지 출입금지다. 버리고 둘 것들이 대충은 정리가 됐다. 화장실에 들어가 양치질을 하려는 순간, 칫솔 하나가 변기에 빠진다. 순간, 변기의 물이 소용돌이치면서 순식간에 칫솔을 삼켜버린다.

베란다 문을 열었다. 비를 머금은 바람이 문틀을 덜컹덜컹 흔든다. 바람이 세차다. 머리카락에 붙어 큰 덩어리로 몸집을 불린 미세먼지들이 거실 바닥에 이리저리 뒹군다. 인간의 생각이 일으킨 팔만사천 가지의 번뇌 먼지도 뭉치고 뭉치면 이럴 것이지 싶다.

문을 닫고 걸레질을 했다. 거실부터 닦기로 한다. 물에 젖은 걸레가 바닥에 닿자 미세먼지들이 바닥에 찰싹 달라붙어 까만 점이 된다. 먼지를 한 번 더 쓸어내고 닦기로 했다. 머리카락과 합류해서 몸집을 불린 미세먼지들이 솜 같다. 내가 움직일 때마다 이리저리 따라 움직인다. 폴폴 날아 어디든지 달라붙을 기세다. 빗자루를 사용하면 안되겠다 싶었다. 자분자분 꿇어앉아서 마른 휴지로 미세먼지들을 쓸어 검은 비닐봉지에 담았다. 비닐봉지 입구를 손으로 꽉 잡고 구석구석 다니면서 먼지들을 쓸어 담았다. 입주 당시부터 있던 장식장 밑에까지 손을 넣어 쓸어냈다. 장식장 밑에서 이사할 때 찾지 못했던 아기놀이매트의 오백 원 동전만한 하얀 물고기 눈도 따라나왔다. 아이가 다니던 산부인과 진료카드도 나왔다. 먼지를 털어내고 바지주머니에 넣었다.

벽걸이 티브이가 걸려있던 자리에 못 구멍만큼 종이가 찢어졌다. 손가락으로 찢어진 벽지를 가만히 제자리에 꾹꾹 눌러 두었다. 그런 다음 걸레로 바닥을 닦았다. 한 번 더 닦았다. 이제 신발을 벗고 앉을 수 있게 되었다. 바닥에 엉덩이를 붙이고 앉았다. 베란다 너머 산을 본다. 운무가 산을 가리고 있다. 어둠이 운무를 덮고 깊숙이 숲에 내리기 시작한다.

안방 바닥을 쓸고 있던 커튼의 끝자락을 둘둘 말아 가운데 질끈 묶었다. 안방 바닥도 걸레질을 했다. 원목나무의 바닥에 발길이 닿아 노랗게 반질거린다. 어머니가 방바닥에 한지 장판을 바르고 시간이 날 때마다 들기름 걸레로 반질반질하도록 윤을 냈던 것과 같은 색깔이다.

침대를 들어낸 자리에는 침대가 있던 자리의 크기만큼 사각 공간이 생겼다. 발길이 닿지 않아 나무의 원목 상태가 그대로 보존되고 있다. 한 방안에 확연히 다른 두 색깔, 인간의 양면성 같다. 그 위에도 걸레질을 했다. 땀이 목에서 등 뒤로 줄줄 흘러내린다.

이 공간은 우리가 처음으로 마련한 집이다. 세를 들었던 집을 주인이 팔려고 할 때 마련한 공간이다. 베란다 쪽을 바라보면 바람이 자맥질하듯 초록의 물결이 펼쳐진다. 한 폭의 그림 같다. 그림은 철따라 색깔을 달리한다. 그림 속에 하늘도 동참을 한다. 동참한 하늘은 때로는 어둡고 때로는 밝다. 강 쪽을 바라보면 강물은 들어오는 곳도 나가는 곳도 없다. 그대로 멈추어 있는 듯하다. 강 위로 공항으로 들어오는 비행기들이 낮게 더 낮게 몸을 낮춘다.

방문을 열었다. 바람에 문틀이 덜컹하고 흔들린다. 바람소리에 집이 울린다. 아이가 "집이 울려요 엄마, 옷장 하나만 들이세요." 했을 때 "나중에, 나중에, 나중에…, 지금은 너희들 공부가 우선이야." 했다. 그때는 아이들 공부가 우선이었다. 단칸방 좁은 공간을 가구가 차지하는 것도 싫었다. 아이는 라면박스에 옷을 담고 그 위에 흰 종이를 붙이고 컴퓨터 자판을 그려놓고 컴퓨터를 연습하는 책상으로 사용했다. 라면박스는 아이의 책상도 되고 화장대도 되었다. 아이가 했던 말이 빈 공간에서 맴돈다.

침대가 놓여 있던 자리에 등을 붙이고 누웠다. 등이 아프다. 등 밑에 두 손을 넣어 받친다. 나무의 까칠함이 손바닥에 닿는다. 아픈 배를 '내 손은 약손이다, 내 손은 약손이다.' 하고 쓸어주던 어머니의 손길 같은 느낌이다. 바지 주머니에 넣어 두었던 아이의 산부인과 진찰카드를 꺼내본다. 아기가 우리에게 온 것이다. 비로소 나는 행복하다고 느낀다.

고장난 도어록을 수리했다. 미루어 왔던 청소를 다시 시작한다. 출입금지라고 잠가 두었던 뒤 베란다 문을 활짝 열었다. 쓰레기를 치우기 시작했다. 비닐에 꽁꽁 묶어 두었던 음식물이 물컹하다. 음식물이 흔적 없이 삭아 물이 되었다. 악취를 풍긴다. 물은 물인데 악취를 풍기는 물이다. 속이 메스껍고 울컥 구토가 난다. 내 안에도 음식물찌꺼기처럼 꽁꽁 묶어둔 부유물은 없을까. 썩고 썩어서 말을 할 때마다 악취를 풍기지는 않을까.

냉장고가 있던 자리에 팥알 같은 빈 번데기들이 수북하다. 번데기에서 나온 구더기는 여기저기서 꾸물꾸물 기어 다닌다. 내가 오래 방치해둔 탓이다. 많기도 하다. 도대체 어디서 생기는 걸까. 구석구석 청소를 했다. 한쪽 구석에 있던 수건을 들자 수건의 도돌도돌한 올마다 번데기들이 까맣게 달라붙어있다.

온도, 습기, 깃들 공간, 조건만 갖춘다면 생명체는 기생하고 기생한다. 인간도 먹을 것이 있고 자신이 유익한 이익이 있는 곳이면 그것이 무엇이든지 비록 범죄라 할지라도 깃들 수 있겠다 싶었다.

방심은 금물이다. 매순간마다 내 안 공간을 꿰뚫어보고 말끔하게 청소를 해야 한다. 공간에 단단히 저장되어 있는 잊지 않음의 작동기능이 수시로 작동되어야 한다.

첫째, 나와 남이 유익한 좋은 생각을 하고,
둘째, 있는 그대로 보고 바르게 말하는 것이며,
셋째는 올바른 행동을 하는 것이다.

그리고 알뜰하게 먹고 제때 버리고 청결을 유지하는 것이다. 몸과 마음과 환경을 위해 잊지 않음의 작동기능이 제 역할을 하고 있는지 수시로 점검하는 것은 필수다. 어떤 일을 시작하고 끝날 때까지 반드시 내 안 공간을 확인하는 규정을 만들어 두었다. 하고자 하는 일이 '뜻이 선함에 있는가? 행동은 청정한가? 결과에 집착하는가?' 나에게 수시로 묻는다.

창문을 활짝 열었다. 바람이 쉼 없이 공간을 넘나든다. 도무지 끝나지 않을 것 같았던 폭염이 물러갔다. 산을 덮고 있던 운무가 서서히 밀려난다. 하늘이 맑아진다. 맑아진 하늘에서 햇빛이 나타난다. 눈부시다. 햇빛은 산 아래로 깊숙이 내려앉는다. 숲이 꼬물꼬물 고개를 든다. 숲에 새들이 깃든다. 나무들이 보인다. 나무의 잎사귀들이 팔랑팔랑 움직인다. 내가 살아있음을 깨닫는다.

별똥별

아스팔트를 타박타박 걸었다. 지나온 삶의 흔적을 모두 덮어버린 것 같은 길이다. 이 길의 흔적은 덮을 수 있어도 넘어지면 사정없이 몸에 상처를 남긴다.

새벽 3시다. 저만치 집이 보인다. 숲의 품에 푹 안겨 있는 나의 집. 소나무, 오리나무, 뽕나무, 시느르대…, 틈새로 내 방 창문이 보인다. 아직 주인이 돌아오지 않은 방에 불이 꺼져 있다. 어머니가 우주로 떠난 다음부터 스스로 불을 밝혀야 한다.

스마트폰의 신호음이 울린다. 액정을 들여다보았다. 그의 아내였다.

"남편이 임종했어요."

그가 죽었다고 한다. 내가 그의 집 대문을 나온 후, 그는 아이들을 불러 놓고 미안하다는 말을 했다고 한다. 그리고… 건강하게 잘들 살아야 한다고 하면서 자신은 이제 지구에서의 임무를 다하고 돌아간다고 했다고 한다. 그가 평소에 잘 불렀던 노래

> '코스모스 피어 있는 정든 내 고향 이쁜이 꽃분이 모두 나와 있겠지. 달려라 고향열차 설레는 가슴 안고…'

노래를 부른 후, 가족과 마지막 작별을 했다고 한다.

그는 오십대 초반이다. 임종을 지킨 아내에게 세 명의 자녀들이 남겨졌다.

나는 아스팔트길이 끝나는 지점에서 걷던 걸음을 멈추었다.

이제부터 길이 없다. 집으로 가기 위해 옹벽을 넘어야 흙길이 나온다. 아스팔트길과 흙길 사이에 직사각형의 콘크리트 옹벽이 가로막고 있다. 벽을 넘고 흙길인 오솔길을 자분자분 걸어서 집으로 갈 수 있다. 땅 값이 오를 때를 기다리고 있는 네 것과 반드시 넘어야 갈 수 있는 내 집의 경계다. 마치 삶과 죽음, 이승과 저승의 경계를 구분 짓는 벽인 것 같다.

아스팔트길에는 누군가 가져다 버린 생활쓰레기들로 산을 이루고 있었다. 사람들은 쓰레기 산을 타고 옹벽을 넘어 흙길을 지나 산으로 오르고 올랐다. 나는 착한 일꾼과 함께 쓰레기 산을 허

물기 시작했다. 버려진 생활쓰레기들을 치우고 흙과 돌을 치워냈다. 쓰레기와 흙과 돌이 치워진 자리에는 아스팔트의 커다란 공간이 생겨났다. 공간은 곧 주차장이 되었다.

임종을 하고 돌아오는 날은 언제나 쓸쓸하다. 집 주위의 생명들이 모두 잠들어 있다. 고요하다. 내 숨소리가 오히려 고요를 깨울 것 같다. 나는 스스로 고요 속에 잠식된다. 죽음 같다. 죽음은 무거운 육신을 훌훌 벗어내는 시간이다. 육신이 있어 오가고 할 수 있던 모든 것에 마침표를 찍는 것이다. 생의 마침표. 죽음이다. 욕망으로부터 비로소 자유로움을 얻는 것이다.

인간의 몸은 사대로 이루어져 있다. 불과 물과 흙과 움직이는 기운의 집합체다. 그래서 인간의 몸은 하나의 우주다. 그리고 흙으로 물로 더운 기운으로 움직이는 바람으로 흩어진다. 자연으로 돌아가는 것이다. 우주는 이러한 사대로 이루어져 있다. 내가 지킨 많은 죽음들도 모두 사대로 흩어졌다. 결국엔 한줌 재로 흙으로 돌아갔다.

이런 날은 언제나 그대로 집에 들어갈 수가 없다. 나는 습관처럼 콘크리트 옹벽, 직사각형의 사선을 기어올라 중간쯤에 앉았다. 신발을 벗고 양말도 벗었다. 양말을 벗다 엄지발가락에 칭칭 감아두었던 붕대가 벗겨지면서 발톱 사이를 비집고 쏙 올라온 뾰드락지를 건드렸다. 깜짝 놀랐다. 눈물이 찔끔 났다. 따갑다. 수년 째 말썽을 부린다. 휴! 온몸에 식은땀이 흐른다. 콘크리트의 까칠함이 살갗에 닿는다.

길이 없는 산을 가기 위해 사람들이 옹벽을 오르내린 흔적이 보인다. 사람들이 넘나들며 지팡이로 콕콕 짚고, 짚었던 흔적들이 군데군데 홈이 패었다. 패인 자리마다 콘크리트가 떨어져 나가 구멍이 뚫렸다. 뚫린 구멍마다 철근이 뼈대처럼 들어나 있다. 어떤 구멍에는 철근을 쏙쏙 뽑아 일직선으로 쭉 올려둔 것도 있고, 어떤 구멍은 뱀의 움직임처럼 구부려 둔 것도 있다. 끝이 날카롭다. 닿으면 찔릴 것 같다. 이 경계의 벽을 인간과 함께 영혼도 넘나들었을까. 이 시간 아무에게도 침해 받지 않는 유일한 내 자유는 하늘을 올려다보는 것이다. 보름달이 어머니가 떠난 그날처럼 남서간에 머물러 있다.

그날 어머니는 지구에서 주어진 시간을 모두 사용했다. 어머니가 병원으로 후송되어 뇌출혈이라는 병명을 받고 연로하셔서 수술이 불가하다던 의사는 중환자실에 어머니를 위패委敗 시켰다.

어머니 손발이 침대에 꽁꽁 묶였다. 정신을 가다듬고 평소에 절대로 병원에 두지 말라고 하시던 말씀에 따라 중환자실에서 어머니를 구출해 집으로 돌아와 칠 일째 되는 날이었다. 어머니 곁에서 관세음을 청하고 어머니를 향해 오체투지의 절을 하면서 참회기도에 몰입했다.

삼 일 밤낮을 잠만 주무시던 어머니가 아침에 깨어났다. 어머니는 잠에서 깨어나 나를 보았고 방안을 살폈다. 가족을 알아보았고 멀리 있는 손자 손녀 지인들까지 모두 보았다. 미세하나마 말을 했다. 내가 묻는 말에 고개를 끄덕여 소통했다. 나는 어머니가 깨어났을 때 수신호로 답하기로 정하고 연습을 했다. 어머니는 묻는 질문에 어머니가 사용할 수 있는 오른팔을 번쩍 들기도 하고 오른쪽 다리를 들어 씩씩하게 화답하기도 했다. 어머니의 마지막을 알고 있었음에도 그대로 소생할 것이라는 믿음을 버리지 못했다. 어머니가 깨어난 것을 확인하고 안심했다. 그것은 어머니가 내게 주신 마지막 배려였다.

그날 긴장을 풀고 깜박 잠이 들었다. 어머니는 밤새 토닥토닥 오른발을 들었다 놓았다 했다. 전날 수신호를 하기로 한 우리의 약속처럼. 그날 새벽. "어머니 일으켜 드릴까?" 하고 내가 물었을 때 어머니가 고개를 끄덕였다. 어머니를 일으켜 앉히고 등에 이불로 포근하게 감쌌다.

그리고 내 오른쪽 다리를 받쳐 고정시킨 후, 오른쪽 품에 안았다. 한 모금이라도 드시게 하고 싶었다. "어머니 꿀꺽 꿀꺽 하세요, 꿀꺽." 하는 내 목소리에 따라 착한 아기처럼 미음을 넘겼다. 올케가 드리는 미음 두 숟가락을 넘기고 이 생에서의 마지막 숨을 멈추었다.

결국, 살아있다는 것은 음식을 먹는 것이고 숨을 쉬는 것이다. “어머니 수고 하셨습니다.” 어머니의 이마에 송송 돋은 땀방울을 닦아 내고 고요히 자리에 눕혔다. 그리고 “어머니 그동안 감사했습니다. 내가 당신의 딸로 태어난 것은 가장 행운이었습니다. 다시 만날 수 있다면 그때도 당신의 딸로 태어날 수 있게 해 주십시오.” 마지막 작별을 했다.

정월 대보름날 새벽 세시 사십 분이었다. 어머니는 여든두 살이었고 이름은 만월이었다. 모습도 만월이었다. 은은하고 잔잔하고, 온화하고 부드럽고 편안한 모습이었다. 내 삶의 영원한 멘토. 냉정했고 엄격했다. 어머니는 스승이었고 어둠의 빛이었다. 그날도 오늘처럼 보름달은 대낮처럼 빛을 내렸다.

그의 병을 안 것은 이년 전이었다. 그의 아내는 남편의 병이 폐암이라고 했다. 수술도 안된다고 해요, 우리 남편 어떻게 해요. 아직은 보낼 수 없어요. 아내는 통곡했다. 통곡소리에 숲이, 나무가 흔들렸다. 나는 가만히 내 손을 아내의 손 위에 포개고 토닥였다. 그리고 그의 삶에 정리가 필요하다고 했다. 그의 아내는 아직은 안돼요, 안돼요 하면서 몸부림쳤다. 아내는 며칠 간격으로 어디 물어보았는데… 살릴 수 있고… 굿을 하면 살릴 수 있다고 했다. 생生즉死다. 부정할 수 없는 공식이다.

나는 냉정했다. 삶의 정리가 필요하다고 했다. 자기 삶의 마지막을 알고 살아온 삶을 스스로 차분히 정리할 수 있는 기회는 아무에게나 주어지는 것이 아니다. 돌발적인 이별도 있기 때문이다.

삶의 종결을 쉽게 인정하지 않던 부부는 현명했다. 투병 동안 구순의 어머니가 돌아가셨다. 조상들의 선산을 정리정돈했다. 결혼을 앞에 둔 아들과 딸을 결혼시켰다. 부부 사이의 젊은 날 미해결 갈등도 훌훌 풀어냈다. 부부가 그렇게 투병하는 동안 나는 새벽길을 타박타박 오고 갔다. 그것은 몸과 마음이 아픈 사람들에게 하는 나의 일상이었다. 그리고 그의 임종을 지켰다.

생의 마지막을 함께하는 것. 그들이 떠난 이후, 평온의 모습을 간직할 수 있도록 수습하는 것이 내게 주어진 내가 할 수 있는 소임이었다. 오늘도 그가 위독하다는 말과 아이들이 무서워하고 있다는 연락을 받고 그의 집을 찾았다. 며칠 사이 그의 몸은 많이 풍화되어 있었다. 자연의 섭리였다. 어떻게 이렇게 풍화될 수 있는지? 그는 의식은 사라지고 무의식 상태로 고통과 싸우고 있었다. 심리학자인 아사지오리는 인간이 의식하는 부분은 계란의 핵에 불과하다고 했다. 그 밖에는 모두 무의식의 세계라고 정의한다. 그것은 의식되지 않는 무의식의 세계가 99%라는 설명이다. 인간의 무의식 세계는 자기의 경험 세계다. 삶에서든 죽음의 순간에서든 나타난다.

그의 이름을 부르자 방안을 헤매던 그가 동작을 멈추었다. 그리고 소리나는 쪽을 응시하려고 했다. 인간은 무의식의 상태에서도 말을 알아듣는다는 것을 내가 경험한 많은 임종에서 알 수 있었다. 임종의 순간에 절대 혼란은 금물이다. 오직 고요와 부드러움과 평온의 마음가짐이 필요할 뿐이다.

그가 잠잠해진다. 그의 가슴에 손을 얹었다. 움직임이 미세하다. 그의 손은 온기를 잃어가고 있었다. 작별의 시간이었다. 아이들이 두려워하고 있어요. 아버지의 의젓함을 보여 주세요. 그래야 아이들이 편안하게 지낼 수 있지 않겠어요. 아름다운 모습 보여 주세요. 나는 끝내 마지막이라는 단어는 사용하지 않았다. 다만 가만히 손을 잡았다. 내 손바닥 위에 솔가지 같은 그의 손을 올리고 나머지 손으로 그의 손등을 덮었다. 그리고 따뜻한 내 온기를 전하듯, 간절히 기도하듯, 한 생 잘 살아오셨습니다. 잘 견뎌 내셨고, 잘 정리하셨습니다. 수고, 수고하셨습니다. 이제 편안히. 편안히…. 그의 손을 어루만졌다. 그는 몸의 긴장을 풀고 호흡을 찾고 있었다. 표정은 편안했다. 방문을 열고 그의 아내를 찾았다. 이제 편안해하실 겁니다. 아이들도 아버지에게 작별인사를 하게 했다. 그리고 내가 대문을 나선 후, 그는 가족과 마지막 작별을 했다.

새벽하늘을 올려다본다. 별들이 무수히 반짝인다, 새벽별은 맑고 청명하다. 마치, 다이아몬드 알갱이들을 아무렇게나 뿌려 놓은 것 같다. 사람들은 저 별을 은하수라고 표현한다. 하늘의 강이 하나의 물결로 연출한다. 그러나 그들은 각기 다른 개체의 속성을 가지고 있다. 전체이면서 하나이고 하나이면서 전체이다. 나도 지구를 떠나면 저 개체의 하나가 될 것이라는 생각이 가끔 들 때가 있다. 나는 왜? 언제부터 사람은 죽어 별이 된다고 생각했는지 모르겠다. 아마, 이런 생각은 어머니가 떠난 후 부터지 싶다.

그렇게 보내고 떠나는 줄을 알고 있으면서도 떠나보내고 집으로 돌아오는 길은 언제나 쓸쓸하고 외롭다. 더구나 젊은 사람을 보내고 집으로 돌아올 때면 옹벽에 오래오래 앉아 있었다.

'슬퍼하지 마십시오. 슬퍼하지 마십시오. 외롭다고 슬퍼하지 마십시오. 외로우니까… 외로운 것이 바로 삶입니다. 산다는 것은 결국 외로움과 친구가 되는 것입니다.' 이제부터 어떻게 살 것인가는 우리들의 몫이다.

달빛이 한없이 내린다. 환한 달빛의 잔해들이 온전히 몸을 감싼다. "어머니, 내게 주어진 지구에서의 시간을 다 사용하고 돌아갈 때까지. 어머니가 좋아하시던 그사람을, 잘 부탁합니다." 그때였다.

둥그런 보름달이 별똥별을 낳았다. 태어난 별똥별이 꽁무니에 불꽃을 뿜어내며 동쪽으로 날아간다.

순식간에 별똥별의 꽁지에서 나온 불꽃의 잔해들만 솜덩이를 뚝뚝 떼어 놓은 것처럼 남색의 하늘로 퍼져 하얀 구름이 된다. 구름이 하늘을 덮는다. 별 하나가 유독 빛을 발한다. 내 영혼이 흙길을 밟고 무사히 집으로 들어간다.

아침 뉴스에서는 오늘 새벽 우리나라 상공을 나로호가 지나갔다고 환호성이다. 나로호 우주로 발사 성공. 4전 5기 성공한 그들의 모습이 티브이 화면에서 동영상이 된다.

호위무사 부성이

아이들이 돌아가는 길목이 부산스럽다. '부성이' 때문에 지나갈 수가 없다고 연락이 왔다. 아이들을 좋아하는 부성이의 장난기가 또 발동을 한 모양이다.

솟구치는 힘으로 목에 걸고 있는 줄이 다할 때까지 풀쩍풀쩍 뛰어오른다. 헉헉거리며 뛰어오르자 누런 흙먼지와 함께 부성이의 털이 풀풀 날린다. 부성이의 머리를 쓰다듬고 등을 다독거렸다. 손끝으로 느껴지는 부성이의 털이 거칠다.

부성이도 이제는 갓 태어난 송아지만큼은 자랐다. 눈에 붙은 이물질을 떼어내고 털을 가만히 쓸어내린다. 멀어져 가는 아이들의 모습을 부성이가 멀뚱하니 바라보고 있다. 천진스런 아이 모습 같다.

눈처럼 하얀 모습으로
솜처럼 뽀송뽀송한 부드러움으로
동그란 예쁜 눈으로
생명의 목마름 엄마 젖 찾는다.

세상을 향한 두려움 안고
낯선 곳 새로운 인연 앞에서
솜털까지 덜덜 떨고 있었지

아이처럼 순수를 보듬고
용기 백배, 용맹 백배로 성장했었지
시간은 눈처럼 하얀 너의 모습을
누런 황토빛으로 변화시켰다.

풍산개 부성이가 삼년 전에 우리 집으로 왔다. 개를 가지고 오지 말라고 한사코 거절하는 내게 지인은 사람을 시켜 이제 갓 젖을 뗀 강아지를 내게 안겨주었다. 보내준 성의에 감사하고 안고 온 사람의 이름에서 부富를 그분의 성공을 바라며 성成 자를 붙여 '부성'이라 이름 지었다. 이름을 지어주고 부성이를 가만히 바라보았다. 쌍꺼풀진 예쁜 눈, 보드라운 하얀 털이 눈부셨다.

낯선 환경 때문인지 떨고 있었다. 얼굴을 바라보며 어리둥절해

하는 부성이를 품에 안아 주었다. 머리와 몸을 쓰다듬고 등을 다독여 주었다. 부성이는 품에 깊숙이 안겨 이내 잠이 들었다. 마치 엄마 품에서 잠든 갓난아기 같았다. 눈물이 날 만큼 찡해 왔다. 그래 함께 살자, 두려워 말거라. 부성이의 낯선 인연에 대한 낯가림, 두려움, 환경 적응에 대한 공포는 나와 같은 모양이다.

나는 개를 싫어한다. 개 냄새와 털 알레르기가 비염을 일으켜 심하게 고통을 겪기 때문이다. 또 한 가지 이유는 새댁 시절 지인이 아파트로 이사를 하면서 키우던 개를 우리 집으로 보내 주었다. 일본이 고향이며 이름은 '해피'였다. 해피는 매우 영리했다. 하얀 털 사이사이에 누런 털이 듬성듬성 마치 점박이처럼 하고 몸집은 작았다. 숫컷이면서도 음식도 조신하게 깔끔하게 먹었으며 행동은 침착하고 잔잔하게 했다. 사물을 판단할 때는 예리하고 정확했다. 나를 무척 잘 따르기도 하고 특별한 일이 없는 다음에는 짖는 일도 없었다. 결혼 이후, 몇 년간 아기가 없었고 소극적인 성격에다 외향적이지 못한 나는 해피랑 좋은 친구가 되었다.

그러던 어느 해였다. 동네에 개 전염병이 발생하였다. 우리는 그것을 어떻게 대처해야 하는지 속수무책이었다.

어느 날 해피가 마당 끝에 있는 산 밑에 땅굴을 파기 시작했다. 내가 가까이 다가가면 달려들어 다가오지 못하게 사납게 굴었다. 해피는 자신이 판 땅굴 속에 들어가서 나오지 않았다. 평소에는 순하던 해피가 며칠 째 땅속 굴에서 지냈다. 음식을 주려고 다가가기만 해도 험악한 모습으로 나를 멀리 했다.

마을의 개들이 많이 죽어나가고 전염병이 어느 정도 진정되었을 무렵, 해피는 땅굴에서 나와 쇠약한 모습으로 꼬리를 흔들었다. 꼬리를 살랑거리며 예전의 착한 모습으로 다가온 해피가 얼마나 대견스러웠던지 어쩌면 인간의 지혜에 버금가는 해피의 대처였다. 주인에게 피해가 갈까봐 자기만의 병에 대한 처방으로 땅을 파고 그 속에서 버티며 이겨낸 모습은 감동이었다. 사람에게도 받지 못했던 큰 감동을 오랜 시간 잊지 못할 선물을 해피에게서 받았다.

위기에서의 생존에 대한 대처능력을 영특함을 해피는 갖고 있었다. 개도 사람처럼 각각의 성품과 성향이 있으며 현실을 예리하게 파악하고 또한 그 위기를 대처하는 본연의 생명력이 있음을 알았다. 개들에게 옮기는 전염병이라 하여도 열악한 환경에서 자신과 함께 생활하는 주인을 배려하고 보호하면서 병을 스스로 이겨냈다. 사람인 내가 해피에게서 배운 것이다.

그런데 내가 집을 비운 사이 개를 식용으로 사용하던 시댁의 가족에 의해 해피는 사라지고 말았다. 그날 이후 나는 개를 집에서 키우는 것을 몹시 싫어하게 되었다.

부성이를 보면서 개는 주인을 닮는다는 말이 생각났다. 사내 녀석이 나처럼 바보에 가깝도록 여리고 용기 없고 하면 어쩌나 하고 걱정이 되었다. 며칠 동안 나와 얼굴을 익히고 환경과 음식에 적응해 가는 동안 뜰 한 쪽에 부성이 집을 지었다.

부성이를 집으로 들여 놓은 첫날은 두려움 때문인지 밤새 칭얼거리고 떨고 보채서 잠을 설치게 했다. 추위 때문일까 하고 이불을 두껍게 깔아 주고 토닥여 주어도 삼 일 밤을 보챘다. 그렇게 부성이는 조금씩 우리 가족들과 환경에 익숙해지면서 꼬리를 흔들며 촐랑촐랑 따라다니기 시작했다.

부성이는 개구쟁이처럼 껑충껑충 뛰기도 하고 장난기가 발동하여 태자의 신발을 물어다 아궁이 앞에 갖다 두기도 했다. 학교에 가야 하는 진우와 건우, 슬기. 아이들의 신발을 숨겨 아침에 아이들이랑 다투기도 했다. 동네 또래의 자기 친구들을 따라다니며 개구쟁이처럼 장난을 치기도 하고 송아지만한 이웃집의 개와 한 판 힘겨루기도 했다.

우리 집 영역을 내 영역이라고 표시라도 하는 듯 하루에도 수없이 돌기도 하고 부지런한 사람마냥 마을을 누비고 다니기도 했다. 그러면서도 저녁이 되면 어김없이 집을 지켰다. 울도 담도 없는 커다란 마당 입구에 앉아 우리 식구들의 안전은 혼자 책임지기로 결정한 것처럼 버티고 있었다. 또래의 친구들이 우르르 몰려와 물끄러미 바라보며 '부성아 놀자' 하여도 그 시간만큼은 꿈쩍도 않는다. 어쩌다 개들이 우르르 몰려와 우리 집 계단을 올라오기 시작하면 무섭게 달려가 쫓아 버리고 다시 자리로 돌아와서 집 입구에 버티고 있었다.

소나무 숲으로 우거진 우리 집, 여우 울음소리, 괴상한 산 짐승의 소리 때문에 분간하기 힘든 어둠과 적막, 고요에도 변함없이 자리를 지켰다. 부성이는 씩씩했다.

나는 어린 시절 유난히 겁이 많았다. 특히 밤중에 화장실 가는 것이 무서웠다. 그때마다 잠든 어머니를 깨워서 화장실 문 앞에서 있게 하고 볼일을 보곤 했다. 부성이가 집에 온 후부터는 내가 한밤중에 멀리 떨어져 있는 재래식 화장실에 갈 때면 어김없이 화장실 문 앞까지 데려다 주었다. 부성이가 가버렸나하고 밖으로 나오면 부성이는 문 앞에서 기다리다 내가 방으로 들어가는 것을 보고 자기 위치로 돌아가서 밤새 집을 호위하고 있었다.

부성이는 수많은 사람들이 우리 집을 다녀가도 짖는다거나 위협을 가하지 않았다. 그러나 낌새가 수상한 사람이 방문하면 끝까지 따라다니다가 집 밖으로 몰아내고서야 비로소 자기 자리로 돌아간다. 평소에는 온순하고 선하게 보이던 부성이도 한번 아니다 싶으면 물러남 없이 목숨 건 용맹과 우렁찬 목소리로 마을을 흔들었다.

부성이는 듬직한 호위 무사였다. 바깥의 행사나 밀린 일처리로

귀가시간이 늦을 때면 어머니는 시간시간 전화를 주시면서 어디쯤 오고 있는지 확인하고 도착시간이 가까워지면 어두운 밤길에 우거진 소나무 숲을 걸어와야 하는 딸을 생각하며 작은 손전등을 들고 주차장에 내려와 기다리고 있었다.

어머니가 안 계신 지금 부성이가 빈자리를 채워준다. 남자가 귀한 우리 집에 아버지나 듬직한 오빠처럼 나를 보호해 주었다. 부성이는 내 차가 주차장에 도착하면 어느새 왔는지 나를 기다리고 있다.

밤늦은 시간 외출을 하면 주차장까지 따라와서 차가 떠날 때까지 기다렸다. 멀어져 가는 차를 물끄러미 바라보며 그 자리에 서 있던 부성이의 모습을 백미러로 보았다. 그 모습은 딸의 모습이 보이지 않을 때까지 서 계시던 어머니가 생각나 가슴 뭉클한 그리움으로 눈앞이 흐려지기도 했다.

부성이가 결박되었다. 덩치가 큰 부성이가 마을로 다니는 게 무섭다고 주민들이 진정을 하였기 때문이다. 장난을 거는 부성이를 보고 아이들이 놀라고 주민들이 개가 마을로 돌아다니는 것을 보기 싫다고 했기 때문이다.

예방접종을 하기 위해 잠시 차에 태워 병원으로 갔다 오는 동안에도 멀미를 할 정도로 겁이 많은 부성이다. 얼굴은 예쁘고 순하며 차분한 성품이다. 함부로 행동하거나 덤벙대는 일이 없다. 그리고 타인이 자신을 공격하지 않으면 절대로 남을 무섭게 대하지는 않는다.

영문을 모르는 부성이가 결박을 풀어 달라고 며칠을 시위한다. 그 소리가 떨어진 마을까지 들리는지 소리조차 지르지 못하게 한다. 영리하고 현실 감각이 예리하면서 의리가 있고 책임감이 있는 침착한 부성이 '너도 다음 생에는 사람으로 태어나 거라.' 부성이를 달랬다. 다독이고 가슴을 쓸어주기도 하고 안아주고 했다. 부성이도 이제 결박에 적응하고 있다.

부성이의 결박을 보면서 마음이 무겁다. 인간의 안전을 위해 처해진 불가피한 조치이다. 그것은 부성이의 굴레다. 부성이 스스로가 이겨나가야 하는 몫이기 때문이다. 나도 누군가에 의해 결박당하고 또 누군가를 결박하고 있는 것은 아닐까? 생각해 본다. 누가 누구를 결박할 것인가. 인간과 인간 사이에도 이렇게 결박당하는 것은 아닌가 싶다. 사랑이라는 이름으로 부부라는 이름으로 우정이라는 이름으로 문화라는 울타리를 쳐놓고 무수히 많은 이들을 구속하는 결박은 없는지…. 관계는 이해와 수용이다. 그리고 오직 배려와 끝없는 헌신만이 존재한다. 너를 위한 배려 그것은 생명에 대한 예의며 신뢰이기도 한 것이다. 내 이익을 위한 구속에서 벗어나면 그곳에 평온과 자유로움이 존재한다. 새로 집을 지으면 초록의 울타리로 부성이의 활동 공간을 따로 만들고 싶다. 그래서 부성이의 결박을 풀어 주고 싶다. 다시 용맹을 찾고 나를 우리를 보호해 주는 호위무사로 자유롭게 활동하는 모습을 지켜보고 싶다.

이후 부성이는 나와 함께 우리 집에서 팔 년을 살았다. 사는 동안 부성이는 자기 집에서도 목줄을 하고 있었다. 나는 그 모습을 볼 때마다 바깥일이 끝나는 대로 울타리를 만들고 부성이의 목줄을 풀어주어야겠다고 다짐을 하고 있었다.

아침마다 부성이 집이 있는 옆을 지나는 한 노인과의 치열한 싸움이었다. 노인은 등산길을 오가면서 부성이에게 돌을 던지고 괴롭혔다. 그때마다 부성이는 화가나 짖어댔다. 부성이는 돌을 던진다고 짖고 노인은 부성이가 짖는다고 돌을 던졌다. 싸움은 아침마다 요란스럽게 계속 되었다. 부성이는 노인의 발자국소리가 멀리서라도 들리면 짖기 시작했다. 우리 집 식구들이 말 못하는 짐승에게 그러지 말라고 노인을 말리기도 하고 부성이를 달래기도 했지만 싸움은 오랫동안 계속되었다.

내가 바깥일에 매진하는 동안 부성이를 돌보지 못했었다. 태자가 밥을 주고 돌보았다. 가끔씩 들여다보고 항상 부성이의 결박을 풀어주지 못한 마음의 결박만을 확인하고 확인했다. 미안했다.

그러던 어느 날 부성이를 목욕시켰다. 오랜시간 씻기지 못한 탓에 부성이의 털에 누렇게 흙이 달라붙어 있었다. 눈가에는 1㎜ 밖에 되지 않는 진드기가 붙어서 피를 빨아 1㎝로 불어 탱탱하게 되어 곳곳에 붙어 있었다. 나는 부성이의 몸을 살펴 부성이를 괴롭히는 작고 작은 존재까지도 떼어내고 비누칠을 했다.

부성이의 털이 햇살에 반짝였다. 오랜만에 부성이와의 교감이었다. 조금만 참아 곧 울타리를 만들고 결박을 풀어줄게.

그날 이후 누군가가 부성이의 집 문을 열어두었는지 부성이가 사라졌다. 다음날은 복날이었다. 부성이는 가끔 목줄을 걸고 사라졌다 돌아오곤 했었는데 영영 돌아오지 않았다.

지금도 간혹 길가를 지나다가 노인과 함께 다니는 우리 부성이와 꼭 닮은 개를 가끔씩 본다. 마음에 결박을 훌훌 풀어낸다.

희망

차정연 수필집

4

친구

친구

친구에게 전화를 했다.

"어디 있니?"

"응! 서울에…, 내일 내려간다. 내일 우리 만날까?"

"그래, 그러자."

다음날 아침.

"지금 기차를 탔다. 도착하면 오후 5시다. 영화 보자. 내가 너 하고 꼭 보고 싶은 영화 알아 놨다. 바쁘면 내가 영화표 예매해 두고 기다릴게…."

반 년 만의 통화가 어제 만난 것 같다. 친구는 늘 이랬다. 세상 물정에 어둡고 바쁜 나를 위한 세심한 배려였다. 만남을 망설일 필요가 없다. 우리의 만남에는 준비도 필요 없고 오래 생각할 것도 없다. 서로가 뜻이 맞으면 모든 일상을 팽개치고 용수철처럼 우선순위로 뛰어나올 수 있는 준비가 되어 있다. 그곳이 어디든지 달려간다.

그날 우리는 「역린」이라는 영화를 보았다. 사도세자의 아들이 역적들과 대치하면서 자기를 지켜나가는 영화였다. '하늘이 사람에게 준 것을 본성이라고 하고 본성을 따르는 것을 도道라 하고 도를 따르는 것을 가르침이라 한다.' 부모님을 죽음으로 몰아넣은 역적들을 인간의 도리로 풀어나가는 모습과 적의의 명령을 받고 입궐하여 언제든지 자기 생명을 해할 수 있는 가장 가까이에 있는 신하 상천의 마음을 얻어 나의 사람으로 변화시키는 인간적인 정성은 영화가 지닌 감동이었다.

중용 23번째 '무엇이든지 니가 원하는 것이 있다면 정성을 다하라 그리하면 이루어진다.'

우리는 손을 잡고 영화관을 나선다. "야, 이렇게 편한 친구가 어디 있노? 아무런 가식 없이 입은 옷 그대로 입고 집안일 젖혀 두고 부름에 쏜살같이 달려 나오고…."

친구와 나는 우선순위가 없다. 나는 친구를 만나면 늘 편안하다. 젊은 날, 우리는 삶의 굴곡에서 오는 무서운 파장을 함께 이겨냈다. 시련과 절망, 억울함과 비통함 끓어오르는 분노들을 둘이서 만나 해결했다. 참을 수 없는 분노가 끓어오르면 오늘처럼 만나 자신의 속 밑바닥까지 얘기를 나누었다. "그래, 그래 잘했다 잘했어…, 내 친구 최고 최고다." 이해와 격려로 서로의 마음을 다독이며 그날들을 견뎠고 살아냈다. 그렇게 우리는 서로를 신뢰하며 언제나 가까이 있었다.

가까이할 친구는 친구가 취했을 때 재산을 지켜주고 두려워할 때 보호자가 되어 주며 내가 필요로 하는 두 배 이상의 재산이라도 줄 수 있는 친구이다. 즐거우나 괴로우나 항상 변하지 않는 벗이란 서로의 비밀을 나누고 지켜 주는 것이다. 재산을 잃어 가난해졌을 때도 버리지 않고 친구를 위해서 목숨까지도 버리는 친구이다.

착한 말만 하는 친구는 악한 일을 멀리하게 하고 선한 일을 행하게 한다. 새로운 정보와 성인의 가르침을 말해 주고 인도해 주는 친구이다. 동정 있는 벗은 친구가 약해졌을 때 그의 목소리를 듣는 것만으로도 기뻐한다. 비난하고 험담하는 사람을 멀리하고 찬양하는 사람을 칭찬하는 친구이다.

멀리할 친구는 무엇이나 눈에 띄는 것은 가져가고 작은 것을 주고 큰 것을 얻으려 한다. 자발적이 아닌 두려움에서 일을 하고 자신의 이익을 위해서만 일을 한다. 교묘한 말로 우정이 있는 것처럼 가장하고 필요 없는 애교를 부린다. 해야 할 일이 눈앞에 닥치면 태도가 달라진다. 감언이설로 상대방의 나쁜 일에만 보조를 맞추고 좋은 일에는 동의하지 않는다. 그 사람 앞에서는 칭찬하고 돌아서면 비웃고 험담한다. 생활이 문란하고 술에 빠져 헤어나지 못하는 사람은 같이 즐길 때는 좋지만 결국, 무기력하고 사회에서 쓸모없는 사람으로 몰아간다. 그러므로 이런 사람은 친구마저 파멸시키므로 멀리해야 한다.

가로등 불빛이 환하다. 거리는 밤낮없는 불야성이다. 버스정류장으로 가기 위해 우리의 삶 같은 지하도를 건너고 지상 위로 올랐다. 친구는 대기 중이던 자동차 속으로 나를 밀어 넣는다. 얼마 전 교통사고로 다리를 절룩거리는 나를 배려하는 마음이 전해진다. 친구를 만나면 언제나 내가 대우받는다는 느낌이 들게 한다. 우리는 한 달 후에 만나도 일 년 후에 만나도 늘 어제 본 것 같은 마음이다. 버스를 타기 위해 뛰어가고 있는 친구의 뒷모습을 오래도록 지켜본다.

여명

내 나이 서른여덟 살이었다. 지평선같은 길 저 끝에서 달이 둥그렇게 떠오르고 있었다. 달무리를 그리듯 은은한 달빛은 길 위로 내리고 있었다. 나는 등짐을 내려놓듯 길 위에 남편을 내려놓고 아이도 내려놓았다. 남편과 아이들은 처음 걸음마를 시작하듯이 한 번 휘청거리다 길 위에 섰다. 그리고 나를 돌아보고 또 보고 했다.

길은 넓고 반듯했다. 한 발 두 발 걷기 시작했다. 남편과 아이들이 자꾸 나를 돌아다보았다. 나는 손을 훠이~ 훠이 저었다.

'어서어서, 가거라 돌아보지 말고….'

휘젓던 팔에서 힘이 쑥! 빠져나갔다. 나는 길 위에 쓰러졌다. 아이들이 멀어져 가는 모습을 보면서 다시는 일어설 수 없을 만큼 기운을 잃어가는 장면을 멀리서 애타게 지켜보는 또 하나의 내가 있었다.

한낮이었다. 시계는 오후 1시 30분을 가리키고 있었다. 행주치마에 젖은 손을 닦으며 책상 앞 의자에 앉았다. 잠을 잔 것도 아니었다. 꿈을 꾼 것도 아니었다. 분명 눈을 뜨고 있었고 벽에 걸려 있던 달력을 보고 있었다. 생시도 아니고 그렇다고 환영도 아닌 것 같았다. 무엇일까.

그 후부터 몸이 아프기 시작했다. 등줄기부터 식은땀이 흐르기 시작하면 온몸의 기운이 모두 빠져나갔다. 숨을 쉴 수 없을 만큼 기운이 없었다. 그때마다 이웃에 있는 내과로 엉금엉금 기어올라가서 링거 한 병을 맞고 내려오곤 했다. 가끔씩 일어나던 위경련이 자주 일어났다.

밤에는 '아야!' 소리 한 번 지르지도 못하게 통증은 예리한 칼끝으로 내 안을 후볐다. 응급차에 실려 병원으로 후송되고 다음날 아침 집으로 돌아왔다. 이러한 일들이 잦아지면서 위장은 음식을 받아들이지 못하고 피를 토해냈다. 머리맡에는 약봉지들이 쌓여갔고 병명은 없었다. 현대의학으로 병명이 없다니? 그러는 사이 60키로의 체중이 43키로 줄었다. 시간이 경과하면서 말을 잃어버리고 글씨를 잃어버리고 숫자를 잃어버려 돈을 헤아릴 수 없게 되었다.

사물를 식별하지 못할 만큼 시야가 점점 좁아졌다. 볼 수 없다는 것, 보이지 않는다는 것은 암흑세계였다. 어둠뿐인 방 안, 더 이상 약은 효능이 없었다. 위장은 한 방울의 미음도 허락하지 않았다. 먹은 것도 없는데 토하고 설사하기를 반복했다.

나는 어둠뿐인 방 안에 누워 있었다.

더 이상 살아날 수 있는 기력이 없었다. 기력이 없는 게 아니라 살 이유도 가치도 없었다. 고통을 이기지 못하고 차라리 이대로 마지막이면 싶었다. 살아갈 가치가 없다는 것, 극한의 상황, 나 외에는 누구도 생각할 수 없었다. 아니 나조차도 생각할 수 없었는지 모른다. 손끝 하나 움직일 수 없는 상태로 골방에 일주일을 있었다. 죽음이었다. 그런데 신기했다. 머리는 맑았다.

어둠 속에서 나를 지켜보고 있는 것이 있었다. 저승사자인가! 푸른빛 같은 것이었다. 그것은 마치 새벽별 같은 빛을 발했다. 영롱한 빛이었다. 손을 내밀면 닿을 것 같은데… 무엇일까?

생명의 마지막 벼랑 끝에서 의학으로도 약으로도 다시 소생할 수 없을 것 같은 몸과 마음을 어머니의 공간에 의탁했다. 어머니의 공간은 비유할 수 없는 헌신과 지극하고 엄격한 보살핌이 있다.

나답게 나의 삶을 잘 살아낼 수 있는 생존의 가장 중요한 기술을 배우고 익히며 성장할 수 있는 공간인 것이다. 나는 어머니의 육신과 정신과 심리적인 모든 것을 허용받아 생명을 간직하고 태어났기 때문이다. 그러한 공간은 고요함 속에서 언제나 생동하는 자기 자신이다. 하나인 생명의 공간에 물은 맑게 흐르고 빛은 언제나 밝음을 유지해야 한다.

어머니 집에는 날마다 많은 사람들이 북적거렸다. 어머니는 엄격한 간병인이 되었다. 미음을 걸러 아기들이 먹는 암죽처럼 만들어 먹였다. 물 같은 미음도 목구멍으로 내려가지 않으려 소리를 냈다. 어머니는 규칙을 정해 두었다. 하루의 일과가 정확하게 어릴 때처럼 다시 시작되었다. 새벽 세 시면 어김없이 깨웠다. 그리고 시간에 맞추어 미음을 내밀었다. 마시지 않으려 고개를 흔들었다. 피할 수 없는 눈빛에 억지로 마셔야 했다. 어머니는 단 오 분의 시간도 허락하지 않았다. 왜일까.

사람들은 어머니에게 어떤 위안을 받을까. 내가 그렇게도 거부하고 싶었던 어머니의 규칙적인 하루의 시작은 음식을 먹는 일과 길을 쓰는 일이었다. 내가 없는 동안에도 사람들은 아직도 어머니를 찾는 것일까? 어떻게 해서 이분들이 위안을 받을까? 그 길에는 무언가 있을 것이다.

어머니는 아픈 사람들을 위해 밤에도 수차례 미음을 끓여 먹이고 규칙적인 생활로 정신력을 키웠다. 따뜻하고 자상하고 엄격했다. 그들의 치료는 어머니의 정성과 헌신 덕분이었다. 나는 무작정 믿어 보기로 결심했다. 어머니가 권유한 것은 아니었다. 나의 선택이었다. 몸을 일으켰다. 말을 잃어버리고 볼 수 없고, 소리가 차단된 아무런 것도 의식할 수 없는 내 몸, 어둠뿐인 지금, 어딘가에 있을 것 같은 그 빛, 빛을 찾아야 했다.

공존의 은혜에 어머니는 감사의 절을 하셨다. 혼자는 도무지 살 수 없는 세상 속에서 숲과 돌과 물과 바람과 아이를 태어나게 해 주신 조상님의 은혜에 감사함의 절을 하셨다.

산에 가면 아이들이 누리며 더불어 삶을 살아갈 초록 숲에도 절하고 반듯하게 잘 자란 아름드리나무에도 절을 하셨다. 밑둥치가 잘려 나간 후에도 생명력을 놓치지 않고 양 갈래의 가지를 뻗어내며 절묘한 모습으로 성장한 소나무 앞에서도 절을 하셨다.

절拜 BOW, 한다는 것은 존경과 사랑을 의미하며 수용과 순종 그리고 자기를 비운다는 것을 의미한다. 온 세계는 그러한 절로 본성을 이루고 있다. 그래서 바람이 불면 구름은 흘러가고 해가 뜨면 어둠은 물러간다. 서로가 절하는 것이다. 나는 몸을 일으키고 일어나기 시작했다. 무엇인가 해야 했다. 극한의 상황에서 내가 할 수 있는 것은 절이었다. 몸을 일으키고 낮추는 연습이었다. 어린 시절 어머니는 장독대에 정화수를 떠 놓고 절을 하셨다. 자연과 사물 모두에게 빌었다. 어머니는 내가 어디에 앉아 있는지 무슨 생각을 하는지 알고 있는 듯했다. 나는 어머니의 레이더망 안에 있었다.

나는 절을 했다. 그냥 절을 했다. 단 한 번도 몸을 낮춘 적이 없었다. 무엇을 위해 하는 것이 아니라 그냥 했다. 그 시점에 내가 할 수 있는 유일한 움직임은 몸을 일으키는 일이었고 낮추는 일이었다.

말을 멈추고 보는 것을 멈추고 동굴을 파고 들어앉듯이 그렇게 내 안에 갇혀 있었다. 스스로 만든 동굴 속에서 문까지 닫고 들어앉았던 것이다. 언어폭력을 막으려고 귀를 닫았다. 아이를 보호하기 위해 날개를 크게 벌리고 있던 팔다리가 그대로 굳어버렸다.

명상을 시작했다. 명상은 일상에서 일어나는 일들을 왜곡 없이 바라봄과 알아차림이다. 순수한 인간 본성을 발견하는 이해와 수용을 하는 일인 것이다. 인간의 맑음이 타인의 삶을 유익하게 할 때 모두는 행복해진다.

마치 과학자의 집요한 사물 탐구와 같고 동물 조련사의 동물조련과 같다. 농사꾼의 농사짓기와 같고 연주자의 연주와 같다. 의사의 치료 행위와 같고 간호사의 환자 돌보는 일과 같고 엄마가 자식을 키우는 일과 같다. 과학자들은 사물을 세밀히 관찰하여 그 속성을 파악하고 원리를 규명하는 데서 연구가 시작된다.

명상 또한 몸과 마음의 상태를 세밀히 관찰하여 그 속성을 파악하고 그 원리를 아는 데서 출발한다. 이렇게 현상이 잘 관찰되었을 때만이 몸과 마음의 원리를 알아 진정한 행복을 구하는 길로 들어설 수 있기 때문이다. 하루가 가고 또 이틀이 가고 있었다. 나를 낮춤은 계속되고 있었다.

오늘 하루, 살아만 있자, 나는 반드시 내 삶을 잘 살아 낼 수 있다. 두려움을 밀쳐 내고 죽음을 담보하여 용기를 냈다. 본래의 나로 돌아가고 싶었다. 갖은 오욕으로 물든 현재의 껍질을 깨고 본래의 순수로 돌아가고 싶었다.

빛은 어디에 있는가? 나를 깨우기 시작했다. 자기 변화를 위한 도전이었다. 삶의 문제로부터 도망 다니지 않았다. 무엇이 문제인가에 직면했다. 나는 되고 너는 안 된다. 옳다 그르다. 좋다 나쁘다. 높다 낮다. 가졌다 못 가졌다. 거부와 대립과 집착의 논리와 자신이 아니면 안될 것이라고 생각했던 삶의 문제들을 하나, 둘… 내려놓았다.

생각의 스위치를 전환시켰다. 삶은 항상 어렵고 힘들고 기쁨만큼이나 많은 고통으로 가득함을 알아가기 시작하자, 그러한 고통들이 내 곁에서 사라지고 있었다. 오직 하나뿐인 생명이었다. 나는 내 존재의 귀중함을 깨달았다. 또 다른 삶을 시작한다.

그

하나인 생명마저 포기해야 할 시점에 있었다. 물 한 모금도 혼자 힘으로 삼킬 수 없던 그때, 그를 만났다. 생生과 사死의 갈림길에서 내가 할 수 있는 것은 오직 오늘 하루, 나에게 부여된 생명에 대한 은혜로 그에게 가는 것이 나의 목표였다. 그에게로 가려는데 몸을 가눌 수 없었다. 정신이 혼미했다. 그래도 그에게로 간다. 75°의 가파른 경사길에 그가 있었다.

자신을 가누기 힘든 상황에서도 매일 가파른 언덕길을 올랐다. 집에서 십 분도 걸리지 않는 그곳이 아득한 먼 곳이었다. 기어서도 오르고 걸어서도 오르고 눈을 감고도 오르고 눈을 뜨고도 올랐다. 다만 그에게로 가는 나의 움직임이 살아 있음의 전부였다. 그는 그곳에 언제나 한결같은 모습으로 있었다. 매일 만나기를 원했다.

가난한 가슴은 역류하는 구토를 이겨 내지 못하고 흙 위로 붉은 물만을 끝없이 토해 냈다. 냉기 어린 강렬한 눈빛만이 야윈 육신을 인도하기 시작했다. 그에게 매달렸다. 기대기도 했다. 안기도 했으며 수많은 언어들을 쏟아 내기도 했다. 그에게 등을 기대고 하늘을 보기도 하고 강 건너 먼 산을 보기도 하고, 들어온 곳도 나가는 곳도 없이 늘 평온을 유지하는 강물과 하루의 임무를 마치고 어머니 젖가슴 같은 뫼 속으로 모습을 감추는 태양이 남기고 간 노을을 오래도록 바라보았다. 그 앞에서 나는 비워 낼 것이 없을 때까지 비워 냈다. 그는 그런 나를 지켜보면서 묵묵히 자기를 내어주고 있었다. 그는 언제나 감동을 주었고 평온을 주었다.

어떤 날은 그에게 등을 기대고 태양을 응시했다. 한판 힘겨루기였다. 발단은 이글이글 타고 있는 태양의 내면은 어떨까라는 의문이었다. 나는 불타는 듯한 태양을 향해 눈을 집중했다. 햇살이 눈을 찔렀다. 시야를 좁히고 집중했다. 둥그런 태양의 주변이 불타고 있었다. 태양이 원이 되었다. 그리고 갑자기 둥그런 암흑이 움직이기 시작하더니 끝없는 원통 속으로 빨려 들어갔다.

끝없이… 얼마나 달렸을까. 다달은 곳은 하얀 달이었다. 은은한 맑은 유리 같기도 했다. 그런데 그 하얀원에서 갑자기 이슬방울들이 쏟아졌다. 방울방울 한없이 쏟아졌다. 얼굴로 내려와 닿았다. 시원한 물방울들이 내렸다. 얼마의 시간이 흘렀을까? 눈을 떴을 때는 주위에 고요가 머물고 있었다. 그날 이후 나는 회복하기 시작했다.

그의 곁에서 차츰 생기를 되찾고 있었다. 내가 제2의 인생길을 열어가기 시작하면서 그를 찾아가는 시간들이 뜸해져 있을 때에도 그는 언제나 독야청청하리라 믿었다. 내가 원하면 언제라도 펄펄 쏟는 생명의 기운들로 가득 채워 주리라 생각했다.

늘 강직하고 당당함으로 어쩌면 대단한 자부심과 자존감으로 타인의 밀착을 경계하면서 그 자리에 있어 줄 것을 기대했다. 그 많은 인고의 세월을 살아온 그가 흔들리고 있었다. 안팎의 병리적인 요인들이 그를 괴롭히고 있었다. 까칠까칠해야만 하던 그는 바깥이 경계를 풀고 반질거리기 시작했다. 차츰 생기를 잃어 자기의 생명력을 발휘하지 못하고 있었다.

그뿐만 아니었다. 끈질기게 희망을 찾지 않고 자기 도전을 포기한 젊은 생명들이 그의 팔에 대롱대롱 매달려 생명을 소멸시켰다. 한 생명이 사라져 갈 때마다 사람들은 현대화된 최신식 기계를 들고 우르르 몰려왔다. 그가 그곳에 있어서 이런 일들이 일어났다고 원망과 분노를 표출하면서 그의 생명을 협박했다. '이곳에서 사라져 달라' 했다. 누구는 그를 의지해 생명을 소생시키고 누구는 그를 의지해 생명을 소멸시켰다.

내 아픔만 생각했다. 그에게 더 이상의 인내를 강조할 수만은 없었다. 자신의 살점이 닳도록 내어준 감사함으로 상대를 이해하지 못하고 있었다. 그도 약이 필요하고, 휴식이 필요하며 절제된 사랑이 필요함을 모르고 있었다. 내가 기대고 흔들고 매달릴 때마다 그에게는 고통이었음을 몰랐다. 그가 밖을 향해 내면의 아픔을 맑은 눈물로 호소하는지 모르고 있었다.

그는 그곳에서 무상으로 모두에게 언제까지고 나누어 주는 줄로만 알고 있었다. 그 자리에서 없어진다는 것을 한 번도 염두에 두지 못했다. 그의 모습이 사라진 지금 믿고 기대던 집 담장이 갑자기 무너진 것 같다. 담장과 함께 나도 넘어지면서 '쾅' 하고 뒷머리를 담장에 부딪치는 순간 외부의 소리들이 차단되었다.

비 내리는 어두운 밤에 홀로 툇마루에 앉아 있던 어린 나에게로 낙동강 강물을 건너 달려오던 도깨비불처럼 두려움과 공포 같은 것이다. 그의 빈자리, 그의 상처를 어루만지면서 '미안해' 한마디로 때늦은 반성을 보내고 있을 뿐이다.

그는 무죄였다. 다만 비탈진 중턱에서 생명을 다하여 오르내리는 사람들의 버팀목이 되어 주며 소생과 소멸을 연속적으로 이루었을 뿐이었다. 누구는 그곳에 있는 나무로 인해 죽어가던 세포를 살려 희망을 찾아내고 누구는 그곳에 있는 나무를 이용하여 목숨을 끊기도 했다. 그런데도 사람들은 모든 원인이 나무 때문이라고 몰아간다. '○○月 ○○日 재선충으로 방제 중' 흰 종이에 검은 글

씨 몇 자다. 모든 것이 다 간단하게만 보인다.

수십 년 어쩌면 더 될 수도 있는 한 생명이 사라졌다. 아름드리 둥치는 사라지고 땅에 바짝 붙어 나이테로만 남은 흔적들이 낡은 연두색 비닐 속에 갇혀 있다. 아버지의 팔뚝 위로 돋아난 힘줄 같은 굵은 뿌리들은 사방으로 뻗어내려 아직 건재함을 알리고 있다. 이 나무도 또 다른 생명으로 나처럼 다시 소생하면 좋겠다.

인간은 문제나 극복해야 하는 시련에 직면하고 그 시련을 통해서 성장과 발전을 거듭하고 있는 것이다. 자기의 변화는 고통을 직면하면서부터 시작된다. 나를 버리고 마음을 비움으로써 새로운 참 나의 싹을 발견해 내는 것이다. 날마다 비움의 시간과 함께하는 우리의 시간들로 공유를 하고 있다.

어제와 같은 오늘, 오늘과 같은 내일, 그러나 분명한 것은 같은 날은 아니다. 마치, 다리 아래로 흐르는 강물 같은 시간인 것이다. 그것이 내 삶의 시간들이다. 순간의 흐름 그곳에서 기쁨을 발견하는 것이다.

손에 손을 잡고

생명 있는 모두를 평등심으로 보듬어 주셨던 분, 지혜와 자비의 정신으로 끝없는 나눔을 실천하신 부처님의 사상을 실천 수행하고자 노력하였습니다. 최소한의 안정된 삶의 보장이 필요한 분들과 이혼과 사망으로 부모를 잃은 이유 없는 희망뿐인 아이들과 도움의 손길이 필요한 어르신들과 장애인들과 함께 생활하고 있습니다.

이 일은 제 어머니가 하시던 일입니다. 어머니는 육이오전쟁에서 방황하던 사람들의 길잡이가 되셨습니다. 빛과 같은 분이셨습니다.「정향 효 마을」을 건립하고 한 집에서 밥 먹고 잠자는 가족이 되어 행복한 시간을 보내고 있습니다.

삶의 현장에서 실천하는 동안 저는 자녀가 생존의 현장으로 달려 나가고 빈집을 지키며 하루하루 무료한 시간을 보내시는 어르신들을 보았습니다. 어쩌면 자신이 쓸모없는 사람이라는 '뒷방 노인네'라는 자학을 하면서 외로움과 고독, 우울증을 겪고 있었습니다. 어르신들을 위해 1999년, 엄궁동주민자치센터에 소고깃국을 끓여 급식을 제공하였고 '황금빛 어르신 교실' 프로그램을 만들었습니다. 프로그램은 종교나, 이권 같은 어떠한 신념이나 색깔도 없습니다. 오직 어르신들이 그 시간을 기다리며 보람 있게 여가를 즐기고 있습니다. 어르신들은 활기차고 가치 있는 삶으로 정립할 수 있는 시간들로 만들어 가고 있습니다.

어르신들의 얼굴에 자신감과 웃음이 살아나면서 가족들 또한 평화로워졌습니다. 이제 어르신들은 더 이상 뒷방의 쓸모없는 분들이 아닙니다. 한 시대를 지켜 주시고 우리의 생명을 소생시키고 보호하고 자립시켰습니다. 오랜 경험과 삶의 지혜와 인고의 희생들이 교육으로 새로운 가치 창조를 통해서 오가는 길에 쓰레기를 줍고 아이들을 보호하고 돌보며 꽃을 심고 가꾸는… 황금빛 봉사단 물결이 되어 지역사회 곳곳으로 나눔의 손길이 되어 퍼질 것입니다.

'효도하는 마음 효도 받는 마음 모두가 행복한 집'을 만들었습니다. 어머니를 모시면서 삶의 매순간이 안타까움이었습니다. 그리고 근무하는 직원들에게 '자신의 자리에서 최선을 다하는가?

자비로운 마음으로 타인을 배려하는가? 모두를 자비로운 마음으로 포용하는가? 자신을 살피도록 했습니다.

소멸되어 가는 어머니의 육신을 부둥켜안고 바쁜 일과와 어울려 돌아가는 매순간 모두가 감동의 연속이었습니다. 어머니와 함께 생활하고 업고 목욕 가고 병원 가고 그때마다 자꾸 가벼워지는 당신의 무게가 가슴이 미어지는 아픔이었습니다. 안타까움은 뼛속까지 스며들게 했습니다.

어머님은 인생의 영원한 교육자였습니다. 목숨 걸고 저를 소생하게 해주셨고 마지막 소멸의 모습으로 저를 엄하게 가르치고 계셨습니다. 저 또한 조만간 어머니처럼 생애의 마지막 순간을 맞이해야 하기 때문입니다.

저도 어쩔 수 없이 바쁜 현대사회를 살아가는 한 사람이었습니다. 자식이라는 이름으로 눈물겹게도 어머니를 저와 함께 돌보아 줄 분이 간절했습니다. 잠시라도 마음 놓고 어머니를 보호하고 보살펴 줄 안정된 손길이 간절하였습니다. 그래서 어르신 보살핌을 시작했습니다.

「정향 효 마을」은 어머니를 생각하면서 건립하였습니다. 아픔도 있었습니다. 어르신에 대한 이해 부족으로 겪는 시련은 저를 더욱 단단하게 만들었습니다. 어르신들이 자녀가 살고 있는 동네 속에서 오가는 사람들을 바라보면서 함께 주민으로 생활하시게 해 드리고 싶었습니다.

「정향 효 마을」을 2005년 건립하였을 때, 가장 먼저 어머니를 계시게 했으면 얼마나 좋았을까하는 생각이 들었습니다. 어머니는 환경이 열악한 곳에서 생활하셨습니다. 연로하신 어머니가 실례를 하시면 물을 데우는 동안 추운 곳에 계시게 했던 것이 가장 마음 아팠습니다. 화장실 바닥까지 보일러가 들어오고 물을 틀면 따듯한 물이 항시 쏟아지는 편리한 곳에서 어머니를 모시지 못했던 것이 안타깝습니다.

「정향 효 마을」에서 어르신들을 어머니로 모시고 딸로 살고 있습니다. 우리 집에는 늘 부족한 딸을 사랑으로 보듬어 주시는 너그러운 어버이들이 계십니다. 다정하신 선생님들이 친절하게 어르신을 모시면서 '효도하는 마음, 효도 받는 마음, 모두가 행복한 집'을 가꾸고 있습니다. 제가 목숨을 걸고 완공한 「정향 효 마을」과 2009년 「정향 행복한 마을」은 이제 지역사회에 나눔을 실천하는 다양한 사회복지공간으로도 활용되고 있습니다.

2015년 올해에는 지적장애인이 생활할 수 있는 공간을 마련하였습니다. 저는 13년을 지적장애인과 함께 생활하였습니다. 끝없는 반복 학습과 차이를 이해하고 수용하는 것이었습니다. 이들도 보호의 차원을 뛰어넘어 교육과 훈련으로 지역사회 주민으로 생활할 수 있다는 확신이 생겼습니다. 올해 여름 저는 이들과 절 명상을 하고 있습니다. 하루하루 변화해 가는 이들을 보면서 보람과 가능성을 느낍니다.

태자와 오랜 시간 함께 생활하면서 태자는 우리와 같은 기능을 회복하였습니다. 거기에 희망이 있었습니다. 저는 이들이 지역주민으로 생활할 수 있다는 확신을 얻었습니다. 나도 어느 한 부분이 가끔 마비될 때가 있습니다. 그것은 나의 장애입니다. 그래서 용기를 내었습니다. 지적장애인을 지속적인 교육과 훈련으로 우리와 같은 주민으로 일상생활이 가능하다는 것입니다.

오랜 인고의 시간이 지나 올해 집을 마련하고 '라온누리' 밝은 세상이라는 집을 마련하고 식구들이 행복하게 생활하고 있습니다. 이들을 위해 열심히 프로그램을 개발하고 있습니다.

지금부터 어머니처럼 가장 낮은 곳에서 도움이 필요한 가난한 이웃과 취약계층인들과 함께 일하고 사랑하면서 나머지 인생을 살 것입니다. 세상에서 가장 낮은 자세로 생이 다할 때까지 학습자가 되어 살겠습니다. 제가 배우고 익힌 선한 삶을 위한 유익한 삶의 방법들을 아낌없이 나누겠습니다. 생이 다할 때까지 겸손한 교육자로 남겠습니다. 인간의 생명을 소중히 여기며 은혜로움에 감사하며 생을 마감하겠습니다.

지금까지 부족한 저를 위해 늘 변함없이 함께 해주신 분들, 내가 벼랑 끝에 섰을 때 손을 뻗어 날개를 달아 주신 분들, 바른길로 인도해 주신 스승님들, 생명을 주신 부모님, 생명을 받아 생명을 이어 주고 사회에 기여하는 내 몸과 가슴으로 낳은 자녀들.

"밥 뽕뽕하게 묵고, 빵실빵실하게 웃어요."

사랑합니다. 내가 사랑하는 당신은 아무런 이유 없는 희망입니다. 저는 마지막 생을 이들과 함께할 것입니다. 우리는 손과 손을 맞잡았습니다. 그리고 노래를 불러 봅니다.

> '하늘 향해 팔 벌려 우리의 가슴 고동치게 하네, 이제 모두 다 일어나… 손에 손 잡고 벽을 넘어서 우리 사는 세상 더욱 살기 좋도록…'

생이 다하는 날까지 이들과 손을 잡고 함께 생활하며 걸어가겠습니다. 이것은 내 삶의 서원입니다.

극복하다

오른팔이 계속 아프다. 유독 병원 가는 일을 꺼려하는 탓에 몇 개월이나 미루어 왔다. 이제는 오른팔로 옷을 올릴 수도 머리를 빗을 수도 뒤를 처리할 수도 없게 되었다.

한의원으로 갈까? 병원으로 갈까? 하고 여러 날을 망설이다. 문득 내 삶을 새롭게 일깨워 주셨던 원장님을 뵙고 싶다는 생각이 들었다.

병원으로 향했다.

자그마하던 개인병원이 그때보다 더 크게 번창해 정형외과 전문의에서 종합병원의 규모를 갖추었다. 환자들이 넓고 깨끗한 대기실을 가득히 메우고 있다. 원장님이 진료하시던 전문 과목도 의사 선생님이 세 분 더 계신다. 나는 원장님에게 진료를 의뢰하고 조용히 순서를 기다리고 있다.

그때 내 몸은 몹시 허약했다. 물만 바꾸어 마셔도 설사를 할 만큼 몸의 변화는 까다로웠다. 그런데다 신경까지 예민하여 작은 일에도 잠을 이루지 못하고 다른 곳으로 환경이 바뀔 때마다 마실 물을 들고 다녀야 하고 수면 때문에 병을 앓고 위경련을 일으키는 잦은 병치레를 했다.

내 삶은 무척 소극적이고 외출은 되도록 삼가했다. 어머니가 쑥물을 먹이기도 하고 온갖 조약으로 치료를 했지만 속수무책이었다. 위경련을 일으키면 아프다는 말 한마디 밖으로 뱉지 못하고 병원 응급실로 실려가 링거 한 병을 비우고서야 일어나 집으로 돌아가기를 수차례 반복했다. 이곳저곳의 병원을 전전하며 온갖 검사와 진단을 받았으나 도무지 병명을 알 수가 없었다. 그날도 같은 증상으로 응급실로 실려 왔고, 링거 한 병을 비우고 안정을 취했다. 병원을 나서기 위해 준비하고 있는 내게 간호사는 원장님의 진료를 권유했다.

원장님은 나를 바라보고 계셨다. 그리고 무엇인가의 질문들을 했지만 내 눈은 초점을 잃었고 생각을 멈추었고 언어를 잊었다.

산소가 통하지 않는 여러 겹의 유리병 속에 갇힌 듯했다. 일어나는 현상들은 여러 갈래로 정리되지 못한 채 허공으로 표류하고 살아 힘차게 생동해야 하는 움직임들은 명령 체계를 잃고 있었다.

삶을 포기해야 할까? 원장님은 곁에 있는 어머니를 보며 심하게 나무랐다. 딸의 몸이 이 지경이 되도록 방치한 책임을 물었다. 말도 생각도 스스로 할 수 있는 행위까지도 멈추어 있었다. 오로지 시도 때도 가리지 않고 일으키는 위경련만이 나를 응급실로 후송할 뿐이다.

원장님의 권유로 입원을 했다. 몇 날 며칠이 지나도록 입원실에서 병상의 하얀 천장만을 응시하고 있었다. 실어증이었다. 말을 할 수도 글씨를 읽을 수도 돈을 헤아릴 수도 없었다. 오직 무의식의 습관, 책을 들고 흰 여백과 검은 색깔만을 보고 있었다.

그때 원장님이 병실 회진을 오셨다. 책을 보고 계십니까? 물었고 대답이 없는 나를 위해 침대에 붙어 있던 나이를 확인했다. 이제 불혹입니다. 아직, 시간이 많이 남았습니다. 언제든지 새롭게 다시 시작할 수 있습니다. 우리가 도울 수 있는 일이 있다면 무엇이든 도와 드리겠습니다. 반백의 머리카락에 인자한 모습이었다.

진정으로 나를 위하고 있다는 느낌이 들었다. 원장은 간호사에게 당부했다. 간호사, 이 환자가 원하는 일은 무엇이든지 다 들어주세요. 그것이 무엇이든지. 원장의 진심 어린 당부에 믿음과 용기가 뭉클 마음이 움직였다. 살아야 한다. 살아 내야 한다. 사방 어디에도 빛 하나 없는데 나를 낮추고 아래를 보며 또박 또박 걷자.

새로운 삶의 방법을 찾아야 했다.

첫 번째는 나를 반성하는 일이었다. 내 감정을 무조건 침묵하고 억압했던 나를 아프게 하고 내 목숨을 소중하게 생각하지 않았던 것을 반성했다. 하나 밖에 없는 내 생명, 그래서 더욱 소중한 생명임을 깨달았다. 살아 있음으로 내 삶의 주인되어 무엇이든지 할 수 있다는 확신이 생겼다.

두 번째는 꾹꾹 누르기만 했던 억압된 감정들을 표현하려고 노력했다. 아프면 아프다고 슬프면 슬프다고 불편하면 불편하다고 표현했다. 내가 사용하던 억압의 방어기제들을 승화시켰다.

세 번째는 너와의 소통을 시작했다. 모든 부정적인 감정들을 내려놓고 웃는 연습을 시작했다. 날마다 웃었다. 순간순간 웃었다. 내 삶에 내가 주인이 되어 하루하루 주어진 일상에 최선을 다했다. 나는 누구인가? 어떻게 살 것인가? 확인하며 살아 있음에 더불어 살 수 있음에 감사했다.

나의 신념. '한 가지 뜻을 세우고 그 길을 가라, 잘못도 있으리라 그러나 다시 일어나 앞으로 가라' 객관화된 하나의 목표를 정하고 그 일의 마무리에 몰입했다. 엉킨 실타래 같이 도무지 풀리지 않고 움직일 때마다 더 꼬이기만 하던 인생의 실타래가 차츰차츰 풀려 나갔다. 바쁜 일상에 병은 달아났고 꿈과 희망을 키우고 주어진 시간을 아껴 사용했다. 세상을 보는 눈을 맑게 가꾸어 새롭게 나를 변화시켰다. 패쇄된 영혼을 위해 주변의 외로운 어르신과 만나 얘기 나누고 더 소외된 취약계층의 이웃과 교류하고 엄마 잃은 어린 생명들을 품에 안았다.

시간을 절약해 공부에 전념했다. 수시로 하고 있는 일을 점검하고 배운 것을 열심히 주변에 나누었다. 그러면서도 가끔은 내 인생의 전환점에 씨앗이 되어 주었던 원장님의 인자한 모습과 말씀들을 떠올리기도 했다. 그때는 몰랐다. 곧 마감해야 할 것 같은 내 인생에도 원장님의 말씀처럼 많은 시간이 남아 있었다는 것을.

이제는 영혼의 병이 아닌 육신의 병으로 다시 찾은 이 병원. 십여 년이 흘렀다. 바쁘게 살았던 것처럼 육신의 시간 또한 바쁘게 흘렀다. 급히 따라온 노화들이 이곳저곳 육신 속에 질병들로 새겨졌다.

몇 년 전에도 지금처럼 왼팔이 아팠다. 얼마나 아픈지는 아파본 사람만이 알 수 있다. 그때는 오른손으로 수지침도 놓고 뜸도 뜨고 계속 운동하고 목욕을 하며 완쾌시킬 수 있었다. 그런데 왼손은 오른손 만큼의 역할을 하지 못한다. 운동도 마사지 하는 것도 수지침도 어느 것도 제대로 할 수가 없다.

흔히, 오른손을 정의롭다고 표현한다. 정의는 자기보다 너를 더 위하는 것인데 나는 나도 좋고 너도 좋은 선한 삶을 더 동경한다. 사람의 육신도 정의로운 곳에는 항상 외로움이 따르는가 보다. 자가 치료의 한계 같은 것을 느낀다.

문이 열린다. 전등 불빛 아래에 그때보다는 더 밝고 인자한 모습의 원장님이 다가오고 있다. 흰머리카락을 단정하게 빗어 넘긴 다정하신 모습이다. 살이 허물어지고 뼈가 부러진 육신의 치료뿐만 아니라 세상의 삶에 지친 영혼까지도 치료하는 진정한 의사를 다시 뵙는다. 마음 깊은 곳에서 존경심이 일어난다. 오른팔을 원장님께 맡긴다.

인체에 일어나는 병

팔월의 중간쯤이다. 홀로 계시는 어르신의 의료보험 급여일수 연장신청을 해드리기로 한 날이다.

아침부터 무덥고 흐리다. 바람 한 점 없다. 숲에서 매미들이 다투어 목청을 높인다. 참새, 까치… 새들은 자기들만의 언어로 열심히 서로를 확인한다. 며칠 동안 태양은 제 몫을 하느라 초록을 태운다. 뜰에 목련이 태양의 강렬함에 잎들이 누렇게 타고 길옆의 질경이는 씨앗을 가득히 품고 있다. 숲의 나무들은 자연에 순응하느라 고요하다.

더운 한낮을 피하려 일찍 출발해 본다. 도개공아파트 어르신은 오른쪽 눈에 백내장 수술을 받으셨다. 일흔여덟의 홀로 계시는 어르신은 기초생활수급자다. 노쇠한 몸에 노인성 질환인 당뇨병과 퇴행성 관절염까지 겹쳐서 거동이 여의치 않다. 인간의 신체는 일부분에 생긴 이상기류를 퇴치할 수 있는 얼마간의 힘을 가지고 있다. 정신적인 힘을 모아 몸의 병을 이겨 내야 하는데 혼자 계신 어르신늘은 작은 병에도 정신적으로 버텨 나갈 힘을 잃는다. 병과 함께 외로움이 겹쳐진 때문에 이겨 나갈 용기를 잃고 있음이다.

병원만을 유일한 의지처로 삼는다. 하루에도 내과, 외과, 신경과 등을 전전하며 의료보험 일수를 8월에 365일을 다 사용한다. 그래서 나머지 넉 달은 병원에서 질병의 원인을 파악하고 확인하여 의료보험 급여 일수 연장 신청을 해야 의료보험급여 혜택을 볼 수 있다. 그런데 홀로 계신 어르신들은 거동이 불편하여 보험급여 신청하는 일도 수발이 필요하다.

병이란 생활의 기능장애로 생물체의 온몸 또는 일부분에 생리적인 이상이 생겨 고통을 느끼게 되는 현상을 말한다. 온갖 일이나 물건에 생기는 탈, 술이나 약물에 의한 정신적인 장애, 좋지 못한 버릇 등을 병이라 한다.

우리나라에서 노인이나 그 외에 환자들이 가장 많이 앓고 있는 질환을 보건복지부장관이 정하여 고시한 것을 보면 정신 및 행동장애(간질), 뇌성마비 및 기타 마비성증후군, 고혈압성질환, 간의 질환, 당뇨병, 호흡기결핵, 기타 만성폐쇄성질환, 악성신생물 대뇌성 혈관질환 두개내 손상, 만성 신부전증 등의 질환이다.

어르신도 이중 몇몇 질병들로 고통을 호소하며 병원을 찾는다. 어르신이 병원에서 받아둔 미 개봉한 약봉지들이 머리맡에 가득하다. 나는 어르신이 당뇨병과 고혈압으로 제일 많이 다니시는 내과병원으로 가서 확인을 받기로 했다.

내과병원은 큰길 옆에 새로 신축한 건물 2층에 깨끗하고 아담하게 꾸며져 있었다. 간호사에게 사정을 얘기하고 원장님의 확인을 부탁드렸다. 굳은 표정의 간호사는 나를 대기실에서 기다리게 한다. 홀로 계신 어르신들의 거동이 불편하다고 한 번 더 연유를 말해 본다.

그냥 무작정 기다리란다. 동그랗고 뽀얀 간호사의 표정이 굳어 있어 얼굴 전체를 차갑게 만들고 있다. 얼굴에 밝은 미소가 머문다면 예쁠 것 같다. 몸을 낮추고 밝은 미소와 대화는 자신과 관계에서 희망이다. 건강한 희망. 나는 얼마나 부드럽고 너그러운 미소로 타인과 대화했는가? 봉사자라는 생각으로 몸과 마음이 뻣뻣하게 굳어 있지는 않았는지.

환자도 아닌 내가 일찍부터 병원을 찾아 누가 되지는 않았는지. 타인을 위한 어떤 배려를 먼저 했는지. 스스로 몸과 마음을 낮추고 두세 명의 환자와 함께 대기실에서 기다리기로 했다

몇 년 전, 나는 마음의 병인 화병을 심하게 앓았다. 화병은 마음의 분노하는 기운이 생기면 오행 중에서 심화가 치성하여 뜨거운

기운 때문에 생기는 병인데. 뜨거운 기운이 내 몸을 검게 타들어 가게 했다. 병을 가져오는 나쁜 기운이 마음에 침투하여 육신의 병을 일으켰다. 위장은 심하게 경련을 일으켰다.

주먹만한 덩어리가 치밀어 오르면 '아야' 할 틈도 없이 응급실로 실려가 풀어진 동공을 삼일 간 묶어 두었다.

대장은 이틀이 멀다하고 설사를 일으키고 타들어 가고 있던 목은 쉰 채 골이 생기더니 피를 토하기도 했다. 더운 기운이 태운 검은 죽음의 그림자가 얼굴에 나타나고 점점 굳어만 갔다. 그런 와중에도 깡마른 육신에서는 짜증과 우울증, 허탈과 실어증으로 허덕이고 있었다. 화병의 악화로 죽음의 그림자가 온몸을 덮어 올 때, 나는 어머니 곁으로 와서 오랜 휴식에 들었다.

병의 치유를 위해 날마다 나무들과 동무가 되었다. 나무의 푸르고 청정한 기운을 받아들이고 피가 올랐던 폐부로 호흡했다. 미음까지도 허락하지 않던 위장을 달래려 뿌리가 달린 쑥부쟁이를 통째로 삶아 마시며 위장을 달랬다. 산 정상에서 집까지 달려와 준 맑은 물로 끈질기게 치미는 분노의 뜨거운 기운을 씻어 내기 시작했다.

내려놓고, 내려놓고. 비우고, 또 비우고. 결벽에 가깝던 대쪽 같은 습관을 변화시켰다. 그리고 굳어져 도무지 움직일 것 같지 않던 몸과 마음을 부드럽고 너그럽게 낮추는 방법을 선택했다.

턱은 가슴 쪽으로 1㎜정도 앞으로 당기고 날마다 나를 아래로 아래로 낮추는 연습을 했다. 자신을 어디에도 얽매이지 아니하려 일체의 사회활동을 정지한 채 몸과 마음을 가볍게 비워 나갔다. 반성과 참회의 시간이었다. 하나뿐인 생명을 죽음 앞에 내려놓고 나를 극복하는 투쟁을 했다.

병마와 싸우는 동안 어머님은 병을 치료하는 훌륭한 의사이며 간병인이었다. 병든 사람은 음식을 가리고 규칙적으로 먹고 때맞추어 약을 사용하고 걱정이나 화나는 마음을 일으키지 말고 간병인에게 순종해야 함을 명심해야한다.

간병인은 약의 양을 분별하고 환자에 대해 게으르지 말며 자신의 수면을 줄이고 고운 마음으로 음식을 주어야 하고 병자에게 아름답고 착한 말로 위로해야 한다. 이렇게 간병인과 병든 자가 일치하면 병을 고친다. 어머님의 각별한 관심과 합일시키며 나는 병마와의 싸움에서 내 몸을 마음을 삶을 돌려받고자 1,440일 간을 치열하게 대치했다. 결국 병과 싸워 몸과 마음을 병으로부터 구출했다. 건강을 유지하는 것은 자신에 대한 의무이며 또한 사회에 대한 의무이다.

지금 좋아하는 일을 찾아 즐겁게 일을 한다. 스스로 깨이고자 스승님들의 말씀에 귀 기울이고 내 안을 살핀다. 혼돈된 세파 속에서 흐려지려는 마음은 빨리 긍정으로 전환시킨다. 슬픔과 기쁨,

탐욕과 맑은 가난, 받는 것과 베푸는 것, 화내고 어리석은 마음을 수시로 점검하며 어디에도 치우치지 않는다.

이제는 무엇이든 무겁게 몸과 마음에 담지 않는다. 내려놓고 내려놓는다. 매순간 자신을 가볍게 비운다. 내게 주어진 모든 일상에 감사한다. 이것이 요즘 나의 건강지킴법이다. 건강한 몸과 마음을 간직하지 않고는 내가 몸담고 있는 가정과 가족, 국가와 사회, 그리고 좋은 이웃이 되기 어렵기 때문이다.

기계 같은 간호사가 어르신을 부르며 턱을 들어 원장실 쪽을 가리킨다. 들어가라는 신호다. 원장은 계속 전화를 받고 있고 날카로운 눈짓으로 신호를 한다. 질문도 사연도 말을 붙일 수도 없다. 신호에 의해 용지에 확인된 도장이 찍혀 있다는 것을 알아차린다.

서류를 들고 동사무소로 갔다. 직원들의 모습 또한 기계다. 이곳저곳 가르키는 손짓에 따라 담당 여직원 앞에 섰다. 도개공아파트 어르신의 의료보험 급여일수 연장 신청하러 왔다고 설명했다. 갑자기 얼굴에 안개가 서린다. 사인이 잘못 되었단다. 의사의 사인. 세대주 이름이 없다는 것이다. 세대주 이름을 써 넣고 원장님의 소견이 있으니 처리해 달라고 했더니 직원은 화가 나는 모양이다.

"이렇게 해서 어떻게 처리하겠어요."

더위 탓인가? 표정에 권위주의가 묻어 나온다. 예쁜 얼굴에 부드러우면 더욱 예쁠 텐데. 서류를 받아 들고 "알겠습니다. 다시 갔다 오겠습니다." 나는 여직원이 표시해 주는 서류를 들고 다시 병원으로 발길을 옮긴다.

화가 치밀려고 한다. 병원에서나 동사무소의 여직원이나 웃는 얼굴로 친절과 성의를 다하면 안 되나? 간호사와 여직원의 굳은 표정은 무엇인가? 숫자 하나에 글자 획수 하나에 운명을 걸고 있는 여직원의 매인 삶이 오히려 측은하다.

사람이 만든 규칙에 의해 사람이 굴레로 덧씌워져 융통성이라고는 한 점 보이지 않는다. 그 규칙의 준수 무게로 너그러움과 부드러움을 놓친 병이 들어 있지 않는지. 규율 속에서도 부드러움과 화평의 본래 모습은 갖출 수 없는 건지. 육체적인 질병은 끊임없는 연구와 노력으로 점차 극복되어지고 있다.

하지만 이에 못지않게 새롭게 출현하여 인간을 괴롭히는 문제들이 증가하고 있다. 정신적인 고통이 그것이다. 정신적인 불안, 공포, 혐오감, 과로에 지친 노동자, 스트레스에 지친 샐러리맨을 위시한 성인들은 물론 미성년자까지도 파급되어지는 추세다. 깊은 주목과 관심을 기울여야 한다.

병인病因이 어디에 근거 하는가를 살펴보고 몸의 변화를 똑바로 직시할 수 있어야 한다. 그때 비로소 육체적, 심리적, 정신적, 질병에 대항할 수 있는 자신감을 지닐 수 있게 될 것이다.

순간 내 마음을 점검한다. 겸손이 제자리를 지키고 있는가? 우리 인체에 일어나는 모든 병을 치료할 수 있는 명약이 있다. 그 약은 웃음이다. 웃음에는 복이 따라온다. 많이 웃어 복도 나누고 인체의 만병을 치료해 보면 어떨까.

어떤 서예가는 자신의 대표작으로 '웃음'이라는 글자를 30년 가까이 다듬질하고 있다 한다. 상형문자체인 웃음 글자를 남자와 여자가 손잡으면 웃음이 나며, 만남의 기쁨, 이해와 화해가 주는 안정성과 행복의 기원으로 웃음 글자를 쓰고 있다고 한다.

내과에서 다시 확인을 받을 때도 내가 먼저 맑게 웃어 복을 나누었다. 확인을 받고 돌아오는 길에 갑자기 소나기 한줄기가 거세게 내린다. 여름이 자연의 순리에 따르는 조화로움이다. 내리는 빗줄기가 더운 기운을 씻어 준다.

비에 흠뻑 젖은 모습으로 여직원의 앞에 서류를 내밀며 맑은 웃음을 웃었다 "죄송합니다, 아까는 절차를 잘 몰라서 어르신 이름은 제가 적겠습니다." 여직원은 "아니, 되었습니다." 한다. 되었다.는 말은 나에 대한 배려와 이해로 본다. 무엇이 고마운지 여직원의 곁을 떠나기 전에 "고맙습니다." 고개를 아래로 여러 번 숙이면서 인체의 병을 치료할 수 있는 명약인 웃음을 맑게 나누었다.

조금 전, 내리던 소나기가 멎고 여름 날씨답게 먹구름이 걷히고 태양이 제자리를 확보한다. 해맑은 여름 정오다. 가까이 다가온 태양의 정열을 받아 잎들은 더욱 깊게 무르익는다.

여름은 여름답게 땀을 흘려야 한다고 에어컨을 틀지 않아 내 목에선 땀이 물처럼 흐른다. 온갖 병이나 시름 모두 땀으로 빠져나가는 것 같아 시원하다. 몸에서 건강한 힘이 솟구친다. 건강만이 희망을 안고 희망을 가진 자만이 모든 꿈을 이룬다.

우리 함께 가는 길

세면장에 도착했을 때였다. 갑자기 집안이 소란해졌다. 식구가 많은 집에서 수시로 일어나는 소리들이었다.

세면장으로 나오던 정인이랑 명석이 아저씨의 싸움이 시작되었다. 언제부터 진행되었는 지는 중요하지 않았다. 정인이의 날선 칼날 같은 눈빛이 명석이 아저씨를 겨냥하고 있었다. 오늘 결단 내자는 표정이었다. 분노의 칼날이다. 거칠게 아니 일방적으로 공격을 당하던 명석이 아저씨에게로 물바가지가 날아와 덮쳤다. 순간이었다.

바가지가 깨지고 물세례를 당하는 명석이 아저씨를 가로막고 정인이를 말렸다. 그리고 잽싸게 명석이 아저씨를 후퇴시켰다. 싸움이 아니었다. 싸움은 쌍방이어야 하는데 완전 일방적이었다. 명석이 아저씨의 옷을 갈아입히고 토닥토닥 아저씨의 등을 어루만져드렸다. 아침 식탁에서 마주앉아 오순도순 식사를 했다. 전쟁은 종결된 것으로 보였다.

잠시 후, 또 문제가 생겼다. 영식이 아저씨가 씩씩거리며 방으로 왔다. "내 경찰에 고발하러 가요." "왜?" "정인이가 칼로 위협을 했다고." 기어코 싸움이 일어났다. 다시 중재를 했으나 도무지 싸움을 멈추지 않았다. 폭탄 선언에 들어가고 한 사람이 가출을 했다.

이들에게는 반성이라는 단어가 존재하지 않는다. 숙일 수 있는 자세가 없는 것인지 싸우는 것으로 자신들의 마지막 자존심을 세우는 것인지 알 수 없다. 굽히지 않는 습성을 보면서 이들의 처지가 오히려 측은하게 다가온다. 또다시 방랑의 시간들이 시작될 것이다.

치매로 아픈 어머니의 목소리가 높아지고 있다. 아침을 드시고도 아침을 먹지 않았다고 죽을 끓여 달란다. 그리고 욕설을 해서 식구들이 견디기 어렵다고 한다. 손길이 필요한 취약 계층, 이들을 이해하고 이들과 가족이 되어 살고 있다.

이들은 약하다. 그리고 약함을 감추기 위해서 더욱 강하게, 강하게 자신을 포장한다. 상대가 불만스러워 보일 때는 반드시 내 안에 무엇인가 원하는 바가 있는지 관찰해야 한다. 너에게 내 삶을 나눈다고 해서 내게 잘못이 있음을 알아야 한다. 봉사를 했다고 말하면 그것은 봉사가 아니다. 한 번 남을 위해 봉사하고 어떻다고 비방한다면 개인이나 단체나 세상을 보는 안목이 없음을 알아야 한다.

집 안팎으로 바람에 실려 가을이 다가오고 있다. 다가오는 가을이 있기에 나는 가을을 희망이라고 부르고 싶다.

한 해가 저물고 있다

310호의 현관문은 잠그지 않는다. 현관 문을 열고 들어서면 주방을 겸한 조그만 통로, 작은방과 화장실 안방과 햇볕이 들 수 있는 베란다가 어르신 혼자 이곳에서 거처 하시는 아담한 생활공간이다. 정부에서 부여해 준 11평 임대 아파트이다.

"동치미 좀 갖다 주소, 며칠째 통 밥맛이 없어서."

어머니의 전화를 받고 하루를 보냈다. 어머니는 밥맛이 없어서가 아니라 외로운 것이다.

어머님은 올해 일흔여덟 살이다. 사남매를 낳았으나 딸 하나를 남기고 남편도 아들도 모두 먼저 갔다. 딸은 출가해 살기 바빠 어머니를 돌볼 여력이 없다. 자녀가 없는 듯 그렇게 오랜 시간을 혼자 사셨다.

그 시절의 우리 어머님들은 하루하루 벌지 않으면 굶어야 했던 옹색하기 이를 데 없었던 삶이었다. 가난과 외로움 질병들이 어머님들을 그림자처럼 따라다녔다.

남편은 일찍 어린 자녀들을 남겨두고 세상을 떠났으며 자녀들도 병으로 죽어 갔다. 햇볕도 들지 않는 골목 끝 작은방에 폐병을 앓고 있던 아들을 뉘워 두고 공장에서 막일을 하고 돌아오니 아들은 혼자서 숨져 있었다고 한다.

병든 남편을 버려두고 떠난 며느리 그렇게 골방에서 혼자 숨져 간 아들이 남기고 간 손녀 한 명도 거두어 양육하지 못하고 다른 집으로 보낸 가난의 세월이 어머님의 가슴에 큰 응어리로 남아 뽑히지 않는 못이 되었다.

그때부터 어머니의 삶은 외로움의 시작이었다. 지금까지 혼자 살고 계신다. 이렇게 혼자 살아오신 어르신 특유의 노인성 고집은 공동생활이나 함께 살기를 꺼려 하신다. 자신이 기거하는 공간에서 살고 싶어 하신다. 어머님도 노인성 질환인 당뇨병과 퇴행성 관절염으로 다리가 'O'자로 변형되어 누군가의 도움 없이는 병원이나 나들이 같은 외출에 제한을 받고 있다.

'화무십일홍'이란 말이 생각난다. 열흘 이상 피는 꽃은 없다는 뜻인데 인생의 무상함을 말한다. 무상하다는 것은 허무하다는 말과는 다르다. 인간이 인간일 수 있는 것은 인간으로서 자기 자신을 떨치려는 의지가 있기 때문이다. 어머님은 창문 틈새로 들어오는 바람도 이기지 못해 병풍으로 창문을 가리고 얼굴에는 마스크를 쓰고 목도리를 두르고 있다. 작은 틈새의 바람에도 노쇠한 육신을감당하기 힘드신 모양이다.

어머님은 불편한 몸을 이끌고 방문객인 나를 극진한 손님으로 맞이한다. 굳이 만류해도 직접 밥을 짓고 미역국을 끓이고 상을 차려 함께 식사를 했다. 오랜만에 맞이한 따뜻한 밥상에 함께 식사할 누군가가 있어 어머님은 오늘 고단하시지 않은지 자신의 이야기에 흐르는 시간을 의식하지 못하고 있다.

어머님에게는 말벗이 필요한 것이다. 생의 마지막을 지켜줄 누군가 필요한 것이다. 요즘은 부모에게 물질로써 봉양함을 효도라 한다. 공경하는 마음이 따르지 않으면 짐승과 무엇이 다르겠는가. 저출산과 노인 인구의 증가로 고령사회 진입이 빨라지고 있다.

통계청이 발표한 '고령자 통계'에 의하면 65세 이상 고령 인구는 올해 총인구의 8.4%에서 2019년 14.4%로 고령사회에 도달하게 될 것으로 보인다. 이로 인해 노인 부양비는 2003년 11.6%에서 2030년 생산가능인구의 8.6명당 1명을 부양하는데 반해 2030년에는 2.8명당 노인 1명을 부양하게 될 전망이다. 또 부모 부양의식의 변화로 노후에 자녀들에게 부양 의탁이 어렵고 노후의 긴 여생을 빈곤과 질병, 고독 속에 모든 일을 혼자 해결해야 한다.

내게는 오랜 시간 함께 목욕도 하고 얘기도 나누며 이렇게 고독한 여생을 보내는 어머님들이 몇 분 더 계신다. 남편과 사별 후 이틀 만에 일본으로 건너가 결혼을 해서 평생을 홀로 계시는 순덕 어머님도 계신다. 유순이 어머님도 계신다. 건물 뒤로 돌아 맞닿은 공간 뒷집과 앞집의 사이 담장 틈새에다 슬레이트를 걸치고 문을 달아 방을 만든 곳에 셋방을 얻어 생활하신다. 오늘처럼 추운 겨울에는 그래도 좀 견딜 수가 있다.

여름이면 낮은 슬레이트 지붕이 뜨겁게 달아오른다. 담장에 붙은 벽에는 작은 창문이 없어 바람이 들어올 틈 하나 없다. 어머님의 방은 찜질방이다. 거기에다 조금씩 전세금을 주어 오백만 원을 만들었는데 그것도 집주인이 몰락하여 한 푼도 돌려받지 못한 채 어쩔 수 없이 이 방에서 20년을 혼자 살고 계신다.

다행히 어머님은 정부에서 주는 보조금으로 생활을 하고 계신다. 그러나 보조금을 받을 수 없는 법의 제도 밖의 차상위계층의 고단한 삶을 살고 계시는 어르신들도 많이 계신다. 어떻게 하면 이렇게 홀로 계시는 어르신들이 마지막까지 편안한 삶을 영위할 수 있을지 고민하고 있다.

올해도 365일을 다 사용했다. 오늘을 세모歲暮나 세밑이라고 표현한다. 그러나 내게는 세밑의 의미를 가지지 못한다. 하루를 남겨둔 세밑, 세모라고 하여 모두들 보내는 해의 마무리와 새로운 해를 맞음에 술렁이기도 하고 약간은 들뜨기도 하는 날이다.

내게는 연말이나 세모가 되었다고 달라질 것은 없다. 모임이나 단체에 잘 합류하지를 못하는 성격 탓에 거창한 망년회 같은 것은 없다. 여유롭고 한가로운 세모나 세밑을 보내며 추운 겨울 한기를 느끼는 어머님들과 함께 보낸다. 때로는 시장이나 상가의 후미진 골목길에서 반 쯤은 기댄 채 남자인지 여자인지 분간하기 어렵게 기대고 휘청대며 스치는 취객을 바라보기도 하고 좌판에 앉아 김이 오르고 있는 한 다발 삼천 원 하는 옥수수, 길가 손수레 위에서 구워 내고 있는 군밤의 따스함을 느낀다. 젊은 연인들이 따끈한 군밤 한 봉지를 들고 서로 입에 넣어 주며 만족할 줄 아는 가난한 연인들의 모습을 본다.

삶의 현장에서 열심히 살아가는 사람들을 만나면 새로운 열정이 살아난다. 많이 알고 많이 가진 사람이 큰사람이 아니라 했다. 자신의 역경을 통해 남의 아픔을 아는 사람, 남의 아픔을 나누어 가지는 사람, 그런 삶을 살아가는 사람이 큰사람이라 했다.

세밑 나의 건강을 돌보고 가정의 화목을 화평을 염원하는 그런 날이고 싶다. 새해맞이에 분주한 사이에 찾아갈 친척도 없이 홀로 계신 어르신들은 외로우신 것이다. 특히 명절에는 며칠간 문을 잠그고 계신다고 한다. 어르신은 외로움을 떨쳐 내고자 나를 찾았다. 안타까운 마음이 가득하다.

그래도 어머님은 복지 혜택을 많이 받고 있다. 복지관에서 매일 보내주는 정성과 영양이 가득 담긴 도시락을 받아 점심을 드시고 나머지는 저녁으로 드신다. 가사 봉사자 및 여러 자원봉사단체들의 도움도 받고 있다. 타인을 위한 나눔이 아름다운 봉사자들이 우리 주변에는 많이 있다. 자선을 행하지 않으면 인간은 아무리 부유한 부자라도 맛있는 요리가 즐비한 식탁에 소금이 없는 것과 같다.

어떤 국왕이 학자들에게 '인생이란 무엇인가'를 연구하라고 명령했다. 몇 사람의 학자는 30년 후에 수십 편의 연구 논문을 싣고 왕을 방문했다. 이미 나이가 많이든 왕은 읽을 힘이 없었다. 그래서 다시 '더 간단하게 정리하라' 고 하였다. 학자들은 다시 몇 년에 걸쳐 한 권의 책으로 정리해서 왕에게 보고 하였다. 왕은 눈도 나빠졌고 귀도 나빠졌다. 왕은 단 한 권의 책도 읽지 못하고 "나는 이제 남은 수명이 얼마 되지 않으니 이것을 읽을 시간도 없다. 인생이란 무엇인가를 빨리 알고 싶구나, 누구든지 좋다 빨리 한마디로 표현하라 빨리!" 하고 재촉하였다. 학자들은 잠시 의논을 하였다. 그리고 한 사람이 대표자가 되어 왕의 귓전에 대고 큰소리로 말했다.

"마마, 사람은 태어나고 늙고 병들고 그리고 죽는 것입니다."

국왕은 빙그레 미소 지으며 "그렇구나!" 하고 숨을 거두었다. 내 삶은 인생의 어디쯤 와 있을까.

마음이 자꾸 황량한 들녘이 된다. 어떤 삶의 모습이 잘 사는 모습일까. 어르신들의 말씀을 새겨본다.

"너는 이 세상 어디에 있느냐?

네게 주어진 몇몇 해가 지나고 몇몇 날이 지났는데 너는 세상 어디쯤에 와 있느냐?" 310호 문을 나서면서 나는 어머님을 꼭 안아본다.

내가 나의 주인으로서

①욕됨을 참고

②가난하여도 주고자 하며

③어려움을 만나도 법을 행하고

④부귀하면서도 교만하지 않고 재물에 메이지 않는 것.

이러한 네 가지 법이야 말로 가장 행하기 어려운 것이라 했다. 미수의 내가 끊임없이 베푸는 봉사의 마음과 베풀고 있다는 생각도 없이 헌신하는 그곳에는 언제나 이웃이 늘 함께해 준다.

폭풍우

밖이 꽤나 시끄럽다. 나뭇가지들이 조립식 함석지붕을 들어낼 듯이 요란하다.

한 뼘쯤 열린 창으로 빗물은 제 세상을 만난 듯이 창밖을 보고 있는 나에게 와락 달려든다. 창문을 닫자 부서져 버릴 기세로 흔들어 댄다. 마루에 받쳐 둔 고무통은 흘러넘쳐 바닥이 즈분하다. 오리나무 가지와 소나무의 가지가 부러져 뜰로 가득히 떨어졌다. 집 옆 개울로 쏟아지는 물은 쿨쿨 소리를 내며 하늘로 솟아올랐다가 사방으로 하얗게 부서져 내린다. 마치 오랫동안 자신이 만든 원한들을 차곡차곡 제 속에 쌓아 두었다가 한꺼번에 표출하느라 감정을 주체 못하는 인간의 모습 같다.

창밖을 내다보며 망설이고 있다. 이때쯤 학교에서 '오늘은 등교를 하지 않습니다.' 비상연락망을 통해 메시지가 전달되었으면 싶다. 몇 번째 학교에 갈까 말까 망설이다 준비를 마치고 방문을 나선다. 길가의 작은 나무들이 자리를 지키느라 힘든 모습을 하고 있다. 초록의 여린 풀들은 아예 자리에 누웠다. 그 위로 분노의 물결이 고삐도 없는 야생마를 탄 것처럼 훑고 지나간다. 나도 중심을 잃고 한 바퀴 휘청거렸다. 우산은 여덟 개의 뼈대를 들어내고 분홍색의 낙하산이 되었다. 주차장까지의 오솔길이 길인지 개울인지 분간이 안 된다.

도로는 주차장이 되었다. 사거리의 신호는 기능을 잃고 가야 할 길을 가지 못하는 차량은 여기저기 빵빵 소음을 연출한다. 사람들도 차창으로 고개를 내밀고 소리를 고래고래 지르다 슬금슬금 비집고 들어와 앞을 가로 막는다. 그러고도 "××, 안 비켜." 하는 서로 상대에게 비키라는 삿대질로 소음 천지가 되었다.

누구든지 화를 낼 수 있다. 그것은 쉬운 일이다. 그러나 올바른 대상에게 올바른 목적과 방식으로 화을 내는 것은 모든 사람들이 할 수 있는 것이 아니다. 그리고 쉬운 일도 아니다. 각자 자기의 소견을 닦지 않기 때문에 나쁜 말을 하여 남들을 괴롭히게 된다. 질서 잃은 차량들이 뒤엉켜 십 분이면 갈 수 있는 주례까지의 거리를 한 시간이나 지체시키고 있다.

연둣빛 보도로 색색의 우산과 비옷을 입은 학진 초등학교 어린

이들이 등교하고 있다. 아이들은 한 줄로 서서 남쪽으로 움직이는 꽃송이들이 되었다. 좌측으로는 엄궁 중학교 학생들이 질서를 지키며 북쪽 방향으로 등교를 하고 있다.

그런데 갑자기 초등학교 아이의 노란 우산이 뒤집히면서 질서 대열이 무너지고 혼란이 왔다. 아이들은 서로 뒤엉킨 채 더 이상 앞으로 전진하지 못한다. 뒤집힌 우산 밑에서 노란 비옷을 입은 아이의 까만 눈동자가 반짝 빛을 발한다. 아이는 중학생 형의 팔 밑으로 고개를 숙이고 살짝 비켜 자기 길을 가기 시작한다. 그 뒤를 따라 다른 아이들도 다시 걷기 시작한다. 엉켰던 무질서가 풀리고 아이들은 좌측으로 형아들은 우측으로 가고 오며 총총총 예쁘고 씩씩하게 등교를 하고 있다.

낮춤과 재치, 배려와 양보, 어른들은 아직도 서로 먼저 가려고 도로에 엉켜 있다. 화가 남은 또 다른 화를 불러 자제할 수 없는 늪을 만들 뿐이다. 서두른다 하여 먼저 갈 수 있는 것은 아니다. 엉킨 혼잡이 풀리고 질서가 형성될 때 앞으로 전진할 수 있다.

내가 먼저 여유로운 마음을 갖기로 했다. 앞에 끼어드는 차량을 살짝살짝 넣어주면서 내가 갈 방향으로 차량을 움직이고 있다. 중앙선을 넘어 삐죽삐죽 비집고 들어온 커다란 트럭을 지나가라고 손짓을 했다. 트럭의 기사님은 잠시 고개를 숙여 감사함을 표현한다. 나는 아직도 멋지게 손을 들어 화답하지 못한다. 왠지 쑥스럽다. 나도 고개를 숙여 답했다. 마음이 밝아진다. 밝아진 마음은 평정을 찾고 여유로워진다.

어렵사리 도착한 학교, 수덕전 호수에 불어난 물이 주홍빛 기둥을 감추고, 팔각정 지붕이 배처럼 둥둥 떠 있다. 흰 수련은 꽃잎을 열고 황토색 물 위로 떠다니며 여유를 부린다.

오고 갔다

기세등등하던 여름이 지나갔다. 감나무에 감이 노랗게 익어가고 스며드는 바람이 차갑다고 느껴지던 날 친구 딸의 결혼식에 갔다.

아버지가 딸의 손을 잡고 천천히 걸어와 신랑에게 딸의 손을 쥐어 주었다. 딸을 보내는 심정을 시로 지어 낭송하는 것을 보았다.

> 사랑하는 내 딸 별아! 아비의 기도를 가슴에 꼭 각인하려마.
> 행복하고 싶은 만큼 땀 흘려라. 행복하고 싶은 만큼 고뇌해라.
> 행복하고 싶은 만큼 사랑해라. 행복하고 싶은 만큼 신뢰해라….

이십 년 하고도 더 가르치고 보살피고 사랑으로 보듬어왔건만, 떠나보내는 마음은 딸에게 또 한 번 당부를 하고 있다. 밤새 잠을 이루지 못하고 한자, 두자, 적었다고 말하는 아버지의 음성이 민들레 홑씨가 바람을 따라 떠나가듯 객석으로 날아간다. 딸에게 당부를 마친 아버지가 객석을 향해 정중히 인사를 하고 돌아서는 뒷모습을 보면서 눈물이 흘렀다.

지난 시간들이 흐르는 물 같았다. 라면상자를 화장대로 사용하고, "엄마 가구가 없어서 말을 하면 집이 울려요 옷을 정리할 서랍 하나 사주세요" 하던 딸들의 간청을 "지금은 너희들 공부가 우선이야, 나중에…." 하면서 들여 주지 못했던 마음이, 컴퓨터가 없어서 하얀 종이에 자판을 그려서 방바닥에 붙이고 연습을 하던 아이들의 모습이, 두 가닥으로 닿은 긴 머리에서 나풀거리던 노란리본이 나비가 되어 머리위에서 뱅글뱅글 맴돌고 있다. … 어느 틈에 지나갔을까?

어제와 다른 오늘, 지금, 내일, 다른 시간들이 죽음을 안고 매순간 오는 것이고, 가는 것이다. 무상하다. 무상이라는 말은 단순히 덧없고 허무하다는 뜻이 아니다.

모든 존재는 생겨나고 없어지고 변화하면서 잠시도 같은 상태로 머물지 않음을 가리킨다. 그러므로 무상이라는 말의 본뜻은 변한다는 것이다. 모든 것이 변하지 않고 그대로 있다면 오히려 큰일이 벌어질 것이다. 변하기 때문에 가능성이 있다. 변하기 때문에 창조적이고 의지적 노력을 기울임으로써 얼마든지 고쳐 나갈 수 있다. 육신의 무상함을 알고 침울해 할 것이 아니라, 그렇기 때문에 아무렇게나 살지 말고 날마다 거듭나면서 후회 없이 알차게 살아야 한다는 뜻일 것이다.

흐르는 시간, 내 것이다 네 것이다, '나'라 할 것도 '너'라 할 것도 '우리'라고 할 것도 없다. 있음 그대로 오고 가고 할 뿐이다. 그래도 나는 생의 시간에 떠밀려가지는 않겠다. 오는 시간의 분초를 아끼며 쪼개고 쪼개서 사용하겠다. 생의 마무리 지점에 도달하는 그 시간까지.

> 꽃밭에서 꽃잎을 본다. 고운 꽃은 어디에서 왔을까, 아름다운 꽃송이… 아름다운 사람아 이렇게 좋은 날에, 이렇게 좋은 날에 내님이 오신다면 얼마나 좋을까.

딸의 마음인 듯, 꽃밭에서를 노래하는 소프라노의 맑은 음성이 결혼식장 가득 번져 나가고 있다. 오늘 신부는 세상에서 가장 아름다운 여인이다. 신부가 신랑의 팔을 붙잡고 한발, 두발 걷고 있다.

아이들도 그랬다. 걸음마를 배우기 시작하면서 넘어지고 일어서고 넘어지는 같은 동작을 수없이 반복하면서 걸음마를 익히고, 내가 신겨준 신발을 처음으로 신고 위태하게, 뒤뚱… 거리면서 걷는 모습이 예뻤다.

그때 나는 세상에서 가장 행복한 엄마였다. 그날처럼 아이들이 한발, 두발, 오늘의 신부처럼 또박또박, 그렇게 또 다른 세상 속으로 걸어 나갔다.

바람이 분다.

눈이 시리다.

뺨으로 눈물이 흐르고 있음을 느낀다.

일시 하차

KTX 열차 안, 안내 방송이 흘러나온다.

> '우리 열차는 잠시 후 종착역인 서울역에 도착하겠습니다 ~ 안녕히 가십시오.'
>
> 'We will be arriving at Seoul Station Shortly. ~ have a pleasant day.'
>
> 'この列車はまもなく終着駅の [ソウル:서울]駅に到着いたします ~ございました さようなら'
>
> '各位旅客，前方到站是本次列車的終點站 [首尔:서울] ~ 再見!'

말로만 듣던 글로벌 세계, 세계는 이미 한 지붕 아래 있다. 나는 자랑스러운 대한민국 국민이다. 대열을 따라 광장으로 내려선다. 쏟아져 나온 사람들로 물결을 이룬다. 많은 사람들은 다시 어디론가 바삐 흩어진다.

낯선 곳이라는 불안감으로 발걸음이 빨라진다. 어리둥절한 모습의 중년 아주머니가 길을 묻는다. 잠시 걸음을 멈추었다. 어리둥절하다. 서른까지 서울사람들은 어떻게 생겼을까 궁금했었다. 마흔을 넘기고 친구를 만나러 서울에 처음 왔었다.그때 서울사람들도 나와 같은 모습을 하고, 같은 땅, 같은 공기… 같은 나라의 보호를 받으면서 일상을 살고 있다는 것을 느꼈었다.

가만… 어디로 가야하지? 까만 정장을 단정히 입은 청춘남녀가 팔장을 끼고 걸어가고 있다. 울긋불긋한 옷차림의 젊은이들이 주위를 스쳐 지나간다. 바랑을 메고 서 있는 두 분의 스님, 긴 창 모자 흰 미사포, 주름잡은 회색 수녀복의 수녀님들, 일본 여행객들의 긴 줄이 물처럼 흐르고 있다. 일시 하차한 이곳에는 이데올로기의 이념 분파도, 종교적 우위의 갈등도, 일상에 지친 고뇌도 없어 보인다. 각자 자기 삶의 목적에 따라 방향을 정하고 발걸음만 옮기면 된다.

전차가 출발하고 있다. 어디서 왔다 어디로 흘러가는지 사람들의 끝을 알 수 없다. 차가 움직일 때마다 꾸역꾸역 더해져 밀고 들어서는 사람들로 몸과 몸이 맞닿는다.

학교 다닐 때 집에서 학교까지 전차를 타고 다녔다. 버스로 중앙을 달리는 전차를 타기 위해 아침마다 전쟁을 치러야 했다. 밀려드는 사람들 속에서 교복치마가 먼저 딸려 들어가 찢어지고, 단추가 떨어져 나가기도 했다.

어디서 난 것인지 팔뚝에 길게 그어진 상처에서 흐르는 피가 흰 옷에 묻어 낭패를 보기도 했다. 겨우 올라선 차 안은 책가방을 놓아도 가방이 바닥으로 떨어지지 않았다. 차에서 내리려고 하면 가방을 빼고 몸을 빼내려고 힘겨루기를 해야 했다. 가방의 손잡이가 자주 떨어져 학교 앞에는 가방 손잡이를 고쳐 주는 분이 계실 정도였다.

앞에 선 남자의 더운 입김이 얼굴에 와 닿는다. 어색한 눈길을 피해 역사 매점에서 구해온 화투짝만한 서울 지하철 노선도를 손바닥에 넣고 시선을 고정시켰다.

전차의 낡은 쇠들이 부딪치는 소리가 들린다. 이 전차를 선택한 순간부터 도착지점까지 자유를 박탈당했다. "북부역까지 가실 손님은 여기서 내려서 다음 열차로 갈아타십시요." 내릴 환승역이다. 안내 방송이 흘러나온다.

다음 차는 언제쯤 올까. 의자에 앉은 사람들, 서 있는 사람들의 모습이 각양각색이다. 창모자로 얼굴을 가린 남녀가 졸고 있다. 그 옆에 바짝 붙어 앉아 이어폰을 끼고 책을 읽는 교복 입은 남학생, 의자에 비스듬히 신문을 펼쳐든 삼십 대의 젊은이, 고개를 뒤로 젖히고 하늘색 빗물받이를 올려다보는 아주머니의 얼굴이 파랗다.

하나, 둘, 흰 머리카락이 검은 머리카락 사이에서 밖을 내다보는 신사는 담배를 한 모금을 길게 세상으로 뱉는다. 머리를 온통 하얗게 물들인 듯한 아저씨가 팔을 사방으로 흔들고 있다. 팔을 흔들 때마다 앞으로 불쑥 나온 배가 흔들린다.

역사 담벼락을 기대고, 쪼그리고 앉은 몇몇 남녀들은 입을 졸거나 휴대폰으로 문자를 보내고 있다. 회룡역에서 우리는 다음 전차를 기다리고 있다.

맑고 파란 하늘 가장자리로 구름이 둥실둥실 떠 있다. 갈바람은 하얀 솜 같은 구름을 뭉치게도 하고 흩어지게도 한다. 하늘 품에 길게 안긴 녹색의 도봉산, 군데군데 바위들이 어린시절 머리 밑에 돋아나 흉터로 남은 버짐 같은 모습을 하고 있다. 주변 어디쯤 분홍이나 자줏빛의 코스모스 꽃이라도 피어 있으면 좋으련만…. 역사의 담벼락을 끼고 황색으로 칠한 신도아파트와 나란히 하고 있는 건물 '서브웨이' 에서 잔잔히 흐르는 노래가 꽃향기를 대신한다.

당신에게서 꽃향기가 나네요, 잠자는 나를 깨우고 가네요…

검은 리본을 두른 영정사진에서 우정이 어머니가 웃고 있다. 노란, 하얀, 보라, 국화꽃들이 따라 웃는다. 그의 모습에서 평화가 흐른다. 평화로움 앞에 무릎을 꿇고 고개를 숙였다. 몸담아 살아온 삶을 마무리 하고 잠시 휴식에 든 당신, 미련 없이 육신을 벗어 던진 용기, 떠나는 당신 앞에, 한참을 그렇게 숙이고 있었다.

최선을 다한 삶에서는 향기가 난다. 3남 2녀의 자녀들이 '나는 착한 사람입니다.' 얼굴에 나타난 이력으로 말하고 있다. 우정이 또한 일상에서 숱한 어려움을 겪을 때마다 한 번쯤은 힘들다는 소리할 수도 있으련만, 언제나 보름달 같은 환한 웃음의 에너지가 어머니에게서 나온 근원의 힘이었음을 알 것 같다.

어진 베풂은 내벽을 메우고 외벽까지 꽃길을 만들었다. 당신은 이제 어디로 가는가? 온 곳도 가는 곳도 모른다. 다만, 내가 믿는 것은 생명은 광대무변하고 영원불멸하다는 것이다.

광장의 패스트푸드점에서 햄버거를 하나 사고 9시 20분 발 15호 열차 A3 좌석에 고단한 몸을 의지한다. 창밖에 어둠이 내려와 자리를 잡는다. 불빛에 눈이 부시다.

2005. 9. 24. 우정의 어머니를 보내고 돌아오는 길에 적었다.

희망

인쇄일 2015년 10월 28일
발행일 2015년 11월 02일

지은이 차정연
펴낸이 박철수
책임편집 정은영

펴낸곳 도서출판 해암
등록번호 제325-2001-000007호
주소 부산시 중구 백산길 17 삼성빌딩 702호
전화 051)254-2260, 2261
팩스 051)246-1895
메일 haeambook@daum.net

ISBN 978-89-6649-081-3 03810

값 13,000원

*본 도서는 2015년 부산문화재단 지역문화예술육성지원사업의 일부 지원으로 제작되었습니다.
*이 도서의 국립중앙도서관 출판예정도서목록(CIP)은 서지정보유통지원시스템 홈페이지 (http://seoji.nl.go.kr)와 국가자료공동목록시스템(http://www.nl.go.kr/kolisnet)에서 이용하실 수 있습니다. (CIP제어번호 : CIP2015029531)